Joan Hodgson: Warum?

Joan Hodgson

WARUM?

Ein White Eagle Buch
über den Sinn des
Erdenlebens

Aquamarin Verlag

White Eagle Kontaktadressen:

White Eagle Center Deutschland:
Annemarie Libera
Friedenstr. 23a · D-8034 Germering

White Eagle Center Schweiz:
Carol Sommer, Hannes Locher
Pestalozzistr. 7 · CH-3400 Burgdorf

Titel der englischen Originalausgabe:
»WHY ON EARTH«

© Copyright der Originalausgabe
The White Eagle Publishing Trust 1979
New Lands, Liss, Hampshire GU 33 7 HY, England

Übersetzt von Edith und Walter Ohr

5. Auflage 1993

© Aquamarin Verlag
Voglherd 1 · D- 8018 Grafing

Druck: Ebner Ulm
Herstellung: P & P Lichtsatz GmbH, Grafing

ISBN 3-922936-20-2

INHALTSVERZEICHNIS

GRUNDLEGENDE GEDANKEN

Unsere moderne Welt scheint verworren und mit Problemen belastet, die alle berühren, die den Pfad dieses Lebens gehen. Natürlich haben solche Probleme schon immer existiert, doch heute sind sie zufolge des schnelleren Tempos und der größeren Freiheit des modernen Lebens komplexer geworden. Zudem werden uns diese Probleme durch Radio, Fernsehen und Presse viel näher gebracht als früher. Hinzu kommt, daß unsere Neigung zu Wissenschaft und Technik allmählich nicht nur den Aberglauben, sondern auch die religiöse Überzeugung zerstört und somit vielen Menschen den wahren Glauben raubt, der unseren Ahnen Halt gab. Leider versäumten Wissenschaft und Technik, den Glauben durch einen "Leitstern" zu ersetzen, nach dem sich die Menschen, wenn auch unbewußt, tief in ihrem Innersten sehnen.

Ist es überhaupt möglich, angesichts der Zerstörung religiösen Glaubens, einen verläßlichen Leitstern zu finden, nach dem der Mensch sein Leben ausrichten könnte? Ist es möglich, eine Weisheit, eine Wissenschaft des Geistes zu finden, welche ewige geistige Gesetze enthüllt, die unverändert bleiben, auch wenn die Dogmen fallen? Gibt es ewige Gesetze, welche die menschliche Entwicklung genau so sicher lenken, wie das sichtbare Universum durch physikalische Gesetze gesteuert wird?

In diesem Buch habe ich den Versuch unternommen, den Leser mit gewissen Lehren vertraut zu machen, die wir die UR—WEISHEIT nennen wollen.

Diese Weisheit ist älter als der Mensch selbst. Sie ist der Kern aller Weltreligionen und war von jeher allen jenen zugänglich, die nach ihr suchten. In vorchristlichen Epochen wurde diese Weisheit durch Bruderschaften, wie jene der Essener, lebendig erhalten. Ihr Licht ist von Generation zu Generation weitergegeben worden. Während der zweitausend Jahre seit der Geburt Jesu wurde sie sorgfältig behütet und bewahrt, um die Menschheit durch alle Schicksalsschläge zu führen und zu leiten. Heute, da das Wassermann-Zeitalter angebrochen ist, wird der Mensch vorbereitet, das Licht der Ur-Weisheit — eine Fülle von Kenntnissen über den Sinn und Zweck des Erdenlebens — erneut zu empfangen.

In den letzten fünfzig Jahren vermehrte sich das Interesse für Gebiete wie außersinnliche Wahrnehmung (ASW), Raumphänomene (Ufos), geistiges Heilen, Gedankenkraft und Astrologie.

Viele Bücher wurden über das Leben nach dem Tod geschrieben. Es wird eine solche Fülle von Beweisen des Überlebens der Seele geboten, daß kein ernster Sucher im Zweifel oder in Unkenntnis zu bleiben braucht. Experimente mit Menschen unter Hypnose haben zur Genüge Präexistenz und wiederholte Erdenleben der Seele nachgewiesen. Die Reinkarnationslehre (die Lehre von der Wiedergeburt) ist in den Religionen des Ostens seit Jahrtausenden verankert, jedoch den Christen des Westens meist noch ungewohnt. Auch die Wahrheit der Astrologie kann leicht jedem bewiesen werden, der gewillt ist, sich genügend Kenntnisse anzueignen, um sein Horoskop zu berechnen und dessen Auslegung zu studieren. Weltweit anerkannte Psychologen und andere Wissenschaftler vermuten sowohl einen planmäßigen Ablauf von Ereignissen als auch die Existenz einer M a c h t hinter dem sich manifestierenden Leben, die das Begriffsvermögen des brillantesten Intellektes übersteigt. Im Lichte all dieser Beweise hat der unvoreingenommene Wahrheitssucher keine Entschuldigung mehr für die Nichtbeachtung dieser Erkenntnisse.

Während der zweiten Hälfte des 19. Jahrhunderts entstanden drei Bewegungen, deren Aufgabe es war, der westlichen Welt ein geistiges Rüstzeug in die Hand zu geben, mit dem Ziel, dem Wachstum der materiellen Wissenschaften und forschenden Analyse die Waage zu halten. Der blinde Glaube christlich-orthodoxen Denkens war dazu nicht imstande.

Diese drei Bewegungen waren der moderne Spiritualismus, die Christliche Wissenschaft (Christian Science) und die Theosophie. Der Spiritualismus entstand ursprünglich aus den außersinnlichen Phänomenen, welche die Geschwister Fox in den USA spontan erlebten. Die Christliche Wissenschaft (Christian Science) oder die Wissenschaft des kreativen Denkens ging aus der Arbeit von Mary Baker Eddy und P.P. Quimby hervor. Die Theosophie entwickelte sich aus Madame Blavatsky's okkulten Studien und die wichtige Variante, die Antroposophie, durch Rudolf Steiner und die in der Folgezeit erschienenen Werke. Jede dieser Bewegungen erklärt die geistigen Gesetze auf eine andere Art, um der unterschiedlichen Mentalität der Suchenden zu entsprechen.

Alle drei Bewegungen haben, am meisten jedoch der Spiritualismus, der westlichen Welt eine Fülle von handgreiflichen Beweisen vom Überleben nach dem Tod gebracht. Übersinnliche Phänomene, wie sie in der Frühzeit des Spiritualismus üblich waren, lieferten erstaunliche Beweise und brachten in die Bewegung solch' bekannte Denker wie Sir Oliver Lodge, Sir William Crookes, Sir Arthur Conan Doyle und W.T. Stead. Begabte Medien haben Millionen Menschen bewiesen, daß die Seele den Tod überlebt und mit jenen Kontakt aufnehmen kann, die sie im Irdischen zurück gelassen hat.

Anfänglich waren viele dieser medialen Kundgaben materieller Natur. Sie brachten die materialisierte Form oder Stimme eines Geistwesens hervor, oder demonstrierten auf ähnliche Weise, wie es auch einige Yogis des Ostens können, das Vorhandensein einer übernatürlichen Kraft.

Allmählich aber wurden diese materiellen Manifestationen, auch "physische Phänomene" genannt, durch feinere Methoden ersetzt, wobei das Medium von einer Persönlichkeit, die man den geistigen Lehrer oder Führer nennt, in einen Trancezustand versetzt wird. Dieses Geistwesen gebraucht das materielle Gehirn und die Stimme des Mediums als Instrument, um Freunden in der physischen Welt Botschaften von jenen, die im Jenseits leben, zu übermitteln. Einige wenige dieser Lehrer sind hervorragende Persönlichkeiten, die von sich reden machen, insbesondere *White Eagle*, dessen Name "weiser Lehrer" bedeutet.

Durch seine Mittlerin, Mrs. Grace Cooke, hat White Eagle nicht nur hunderten von Menschen überzeugende Beweise des Überlebens gegeben, sondern begann 1930 eine Philosophie zu entwickeln, von der er sagte, es sei die Neuformulierung einer uralten Weisheit. Seine Belehrungen, unterstützt von überzeugenden Beweisen geistiger Führung und Betreuung, wurden zuerst in einer kleinen Gruppe, bestehend aus Grace Cooke, ihrer Familie und einigen Helfern, durchgegeben, um dann an einen sich stets erweiternden Kreis von Interessenten zu gelangen.

White Eagle sagt, daß er zu einer Gruppe von Wesen aus der inneren oder Seelenwelt gehöre, die sich die Weiße Bruderschaft oder seit neuerer Zeit auch die Sternen-Bruderschaft nennt. Ihre Aufgabe ist es, über die Höherentwicklung der Menschheit zu wachen und sie durch all die Prüfungen und Versuchungen hindurch in ein neues goldenes Zeitalter zu führen. Man sagt von dieser Bruderschaft, sie habe eine weitgespannte und vollkommene geistige Organisation für die Betreuung der Menschheit entwickelt. Gott habe die Menschheit nie ohne einen Zeugen gelassen. Nie wurde zugelassen, daß die Ur-Weisheit den Menschen gänzlich verloren ging. Während undenklichen Zeiten wurde diese Ur-Weisheit erleuchteten Weisen und Brüdern anvertraut, die ihrerseits Männer und Frauen inspirierten, das im eigenen Unterbewußtsein verborgen schlummernde und Glück bringende göttliche Licht zu suchen und zu finden.

Solch ein Bruder ist White Eagle. Der Inhalt dieses Buches basiert auf seinen Belehrungen.

White Eagle sagt: „Ihr alle braucht in diesen Zeiten Hilfe und Inspiration, denn ihr lebt unter ständigem Druck und seid physisch, nervlich und gedanklich überfordert. Was der Mensch dringend braucht und auch erlangen kann, ist die Kraft Gottes."

Wer ist dieser Gott, an den wir uns wenden sollen?

In den meisten Religionslehren besteht Unklarheit mit Bezug auf den persönlichen und den unpersönlichen Aspekt der Gottheit. Die Idee eines persönlichen Gottes, der in einem Himmel über dem Firmament thront, war sicherlich dem unentwickelten Verstand primitiverer Rassen gut angepaßt. Der moderne Mensch hingegen, der Raumschiffahrt betreibt, benötigt eine neue Konzeption des Gottesbegriffes. Er braucht eine erweiterte Sicht seiner Beziehung zu Gott und zum Kosmos. White Eagle sagt, daß Gott, der Große Geist, Schöpfer aller Welten, eine unermeßliche, unendliche Intelligenz sei, jenseits aller Vorstellungskraft des Menschen. "Kein Mensch hat Gott je gesehen."

Die Ur-Weisheit kündet, daß Gott, die Ursache, Der-Sich-Nicht-Manifestierende, sich dem begrenzten Verstand des Menschen durch den kosmischen Christus enthüllt — jenen großen Geist, der als Sohn Gottes bekannt ist und sich für unser physisches Auge in der Sonne offenbart, denn die Sonne ist in einer gewissen Art der materielle Leib der wunderbaren, universalen Wesenheit, die allem Leben Licht und Dasein gibt. Diese Wesenheit durchdringt auf mystische Weise alles Leben, so daß alle Kreatur einen Funken der Sonne, des Gottessohnes, in sich trägt, der Funke, der letztendlich zur vollen Größe heranwachsen wird als vollkommener Sohn, als vollkommene Tochter Gottes.

Wachstum und Entwicklung dieses göttlichen Funkens kann nur in der Inkarnation, in der Verkörperung, erfolgen. Wie Feuer nur dann brennen kann, wenn es Brennstoff hat, so kann die Flamme des Geistes nur dann heller werden, wenn sie in die Materie absteigt, um diese allmählich zu durchdringen, zu verwandeln und zu vergeistigen.

Zwischen der reinen Flamme göttlichen Geistes und dem kalten Gewicht toter Materie liegen viele Stufen verschiedenartiger Daseinszustände. Es ist "Materie", die in den verschiedensten Frequenzen schwingt. Der inkarnierende Geist kleidet sich in eine Anzahl verschiedener feinstofflicher Gewänder oder Bewußtseinszustände, die mit den entsprechenden Daseinsebenen übereinstimmen, um dann zuletzt durch die Geburt eines materiellen Leibes in die materielle Welt zu gelangen. Die feinstofflichen Körper sind eine Art Gegenstück zum materiellen Körper, doch, da sie in einer höheren Frequenz schwingen, sind sie für das physische Auge unsichtbar. Der Tod des physischen Leibes berührt sie nicht. Ihre Gesamtheit ergibt den Seelenkörper, den die Seele weiterhin benützt, um in den höheren oder inneren Welten jenseits des Todes zu wirken, bis sie wiederum bereit ist, in einen neuen Erdenkörper einzuziehen.

Die feinstofflichen Körper durchdringen den materiellen Leib. Sie sind eng mit den Zentren des Nervensystems und mit den Drüsen der inneren Sekretion verknüpft. Alles zusammen ergibt die Persönlichkeit, durch die wir uns gegenseitig erkennen.

White Eagle lehrt, daß analog zum Menschen, der drei Aspekte, nämlich Körper, Geist und Seele habe, auch die Gottheit dreifältig sei. Einige Philosophen und Metaphysiker beschreiben diese drei Aspekte als universale Macht, Weisheit und Liebe. White

Eagle hingegen vereinfacht diese Idee in dem Begriff der universalen heiligen Familie, bestehend aus Vater, Mutter, Sohn:

Gott der Vater — Kraftstrom positiver Prägung, der alle Sphären durchdringt

Gott die Mutter — Weisheitsstrom negativer oder erhaltender Prägung, ebenfalls alle Sphären durchdringend

Christus der Sohn — geboren aus Einheit und vollkommenem Ausgleich von Vater und Mutter, — genauer ausgedrückt: Sohn-Tochter Gottes, Christus, das sich manifestierende Licht Gottes, das Ordnung in das Chaos bringt und Welten und Galaxien erschafft.

Da der Mensch im "Ebenbild Gottes" erschaffen wurde, besitzt auch er die drei Aspekte von Macht, Weisheit und Liebe. Der Macht- oder Kraft-Aspekt seiner Natur ist die positive Energie, sein Wille, seine Vitalität, sowohl physisch als auch gedanklich, die er in seinem Existenzkampf einsetzt. Wenn dieser Aspekt vorherrscht, dann ist sein Temperament positiv oder extrovertiert.

Der Weisheits-Aspekt ist die negative oder empfangende Qualität, die mit Gefühlen und Emotionen zusammenhängt und mit deren Hilfe der Mensch die subtileren Dinge im Leben erkennt. Wenn dieser Aspekt vorherrscht, ist sein Temperament introvertiert.

Wenn sich der Mensch höher entwickelt und lernt, diese beiden Aspekte in sich ins Gleichgewicht zu bringen, dann beginnt sein inneres Licht als warme menschliche Liebe zu leuchten ("das Licht schien in der Finsternis und die Finsternis erkannte es nicht").

Diese Liebe entfaltet sich allmählich von einem begrenzten Persönlichkeitsgefühl zu einem tiefen, universalen Mitgefühl.

Durch die Entfaltung seines Weisheitsaspektes wird sich der Mensch der verborgenen Welten jenseits des Todes bewußt. In Zeiten von Not und Krankheit bringt dieses Bewußtsein großen Trost und hilft ihm, einen mystischen Kontakt mit jenen Heiligen und Sehern aller Zeiten zu finden, die denselben harten Pfad gegangen sind, um geistige Meisterschaft zu erlangen. Diese Seher und Heiligen können ihren ringenden jüngeren Geschwistern Mut, Trost und Hoffnung bringen und sie ermuntern, unermüdlich voranzugehen — keep on keeping on — wie White Eagle sagt.

Als Jesus vom Heiligen Geist, vom Tröster, sprach, meinte er diesen Weisheitsaspekt, sowohl im Menschen als auch im Kosmos, durch den seine Jünger weisen Rat und Trost erhielten, nachdem der Meister von ihnen gegangen war.

Weiser Rat, Trost und liebevolle Hilfe liegen in der ganzen Schöpfung im Wesen der Mutterschaft. Durch die Entfaltung des Weisheitsaspektes wird sich der Mensch der Christusgegenwart, sowohl in ihm selbst als auch außerhalb, voll bewußt.

Mystisch ausgedrückt: die dem Menschen und dem Kosmos innewohnende Göttliche Mutter gebiert das Licht — das Christusbewußtsein.

Die Göttliche Mutter ist in allen Religionen personifiziert — im Christentum durch Maria, der Mutter Jesu. Doch orthodoxes Christentum schält die mystische Wahrheit nicht klar heraus. Maria personifiziert

15

den universalen Mutteraspekt der Gottheit, Joseph den Vateraspekt und Jesus den Kosmischen Christus. Weil die irdische Familie im Idealfall die Personifikation dieser universalen Heiligen Trinität darstellt, ist die Familie einer der mächtigsten Faktoren in allen menschlichen Erfahrungen, sowohl im positiven als auch im negativen Sinn.

****

I.

DAS GROSSE WELTENJAHR
UND DER EVOLUTIONSZYKLUS

Viele Menschen, wenn sie von Unglück und Leid betroffen sind, fragen: wie kann ein Gott der Liebe so etwas zulassen? Sie können nicht verstehen, daß ein Gott, der ganze Universen erschuf, bei deren Erschaffung gleichzeitig Evolutionsgesetze einbaute, die in allen Einzelheiten gerecht, genau und vollkommen sind. Der uralte Grundsatz " wie oben, so unten " oder "wie im Himmel, so auf Erden" macht uns bewußt, wie sowohl physikalische als auch geistige Gesetze in den Rhythmen von Gezeiten, Tag und Nacht, den Jahreszeiten und im Lauf der Planeten und Sternenkonstellationen zum Ausdruck kommen. Tatsächlich zeigen die Sterne in ihrem Lauf nicht nur die Gesetze des Universums, sondern regeln auch auf eine mysteriöse Art und Weise den Rhythmus, der die Lebensumstände des Menschen beeinflußt.

Wir wollen dies ein wenig näher betrachten. Die Astronomen wissen, daß sich die Relation der Erde zur Sonne innerhalb eines Zeitraumes von ungefähr 26.000 Jahren langsam ändert. Die Position der Sonne bei der Frühlings-Tag-und-Nachtgleiche (Aequinox) ändert sich relativ zu den zwölf Tierkreiszeichen und gelangt ungefähr alle 2100 Jahre in ein neues Zeichen. Man nennt diese ungefähr 2100 Jahre dauernde Epoche ein Zeitalter. Diese Zeitalter sind die Monate eines Weltenjahres, des großen, 26.000 Jahre dauernden Zyklus.

Geschichtliche und vorgeschichtliche Aufzeichnungen haben gezeigt, daß die Menschheit — wenn sie von einem Zeitalter in das nächste übertritt — stets durch eine schwierige Phase geht. In dieser Übergangszeit zerfällt die alte Ordnung und macht einer neuen Platz. Sie ist durch soziale Unruhen und häufige Kriegsausbrüche gekennzeichnet. Hinzu kommt eine Phase offensichtlicher moralischer Dekadenz, während der die ausgedienten Formen religiösen Brauchtums zerbröckeln. Doch es werden in solchen Zeiten in verschiedenen Gebieten der Erde große Lehrer geboren, die ihren Schülern eine Neuformulierung der Ur-Weisheit (Ancient Wisdom) vermitteln. Diese Neuformulierung steht im Einklang mit der jeweiligen inneren Struktur des betreffenden Tierkreises, in das die Erde und ihre Menschheit eintritt. So wurde beispielsweise im Zeitalter des Stiers in Ägypten, Babylonien, Kreta, Assyrien und anderen Gegenden des mittleren Ostens der Stier als Symbol der Gottheit verehrt, und Britannien wurde "die heilige Insel des weißen Stiers" genannt. Astrologisch gesehen ist der Stier das Zeichen der Baukunst, ersichtlich in den vielen wunderbaren ägyptischen Tempeln und Monumentalbauten, die damals erstellt wurden. Die Leichen hoher Würdenträger wurden mumifiziert, da die Religion der damaligen Zeit der äußeren Form große Wichtigkeit beimaß.

Vieles aus der Geschichte des Judentums, das im alten Testament dokumentiert ist, ereignete sich im darauffolgenden Zeitalter des Widders, einem feurigen Zeichen, das dem Einfluß des Stier-Zeitalters heftige Reaktionen entgegensetzte. Brandopfer für den einen, wahren Gott prägten die Religion dieses Zeitalters.

Astrologische Forschung berechtigt zur Annahme, daß die Halbzeit im 26.000-Jahre-Zyklus des Weltenjahres auf Ende Widder — Anfang Fische fällt. (Die Zeitalter oder Monate eines Weltenjahres folgen einander in umgekehrter Reihenfolge als sich die Sonne in unserem Kalenderjahr durch die zwölf Tierkreiszeichen bewegt.) Während des Übergangs vom Widder- ins Fischezeitalter werden jeweils geistiges Licht und geistige Kraft in besonderem Maße auf die Erde ausgegossen, was einer "Taufe" gleichkommt, so daß das Bewußtsein der gesamten Menschheit aufgerüttelt und belebt wird. Obwohl sich die Wirkung nur sehr langsam bemerkbar macht, nimmt die Menschheitsentwicklung eine neue Wendung. Nach einer solchen "Taufe" wird sich der Mensch der Nöte und Bedürfnisse a n d e r e r vermehrt bewußt. Sein Verstand wird angeregt, wissenschaftliche Entdeckungen zu machen, die seinen Horizont erweitern und ihn drängen, mehr über die Geheimnisse des materiellen und geistigen Universums zu erfahren. So erlangt er größere Weisheit, die ihm in seinem Bestreben, eine vollkommenere Zivilisation aufzubauen, hilft.

Astrologen glauben, daß im gegenwärtigen Weltenjahr-Zyklus das Ausgießen des geistigen Lichtes im Leben und in der Kreuzigung des Nazareners seinen Höhepunkt erreichte. Während der Zeitepoche, welche zu diesem Höhepunkt führte, wurde eine ganze Anzahl von Weltenlehrern geboren, wie Zarathustra, Gautama Buddha, Konfuzius und Laotse. Jeder war auf seine eigene Weise ein Träger jenes strahlenden, ewigen Geistes, den wir den kosmischen Christus nennen möchten. Jeder brachte für sein eigenes Volk eine neue Offenbarung der uralten Weisheiten. Diese Ur-Weisheit ist wie ein Juwel, das in einer Dornenhecke von Dogmen und Aberglauben, die mit der Zeit um jede Wahrheit wuchert, verborgen liegt.

Die frühen Christen benützten den Fisch als ihr Zeichen und Symbol, noch immer erkennbar an den Wänden der Katakomben. Viele der Wunder Jesu standen in Zusammenhang mit Wasser und Fischen. Die Taufe durch Wasser spielt eine wichtige Rolle in der religiösen Symbolik der Christenheit und deutet auf die Beziehung zum damals heraufziehenden Fische-Zeitalter. Die wiederholten Anspielungen im Neuen Testament auf das "Lamm Gottes, das die Sünden der Welt hinwegnimmt", ist ein Hinweis auf den noch bestehenden Einfluß des damals ausgehenden Widder-Zeitalters, in welchem das Opfern eines Lammes Teil der religiösen Gebräuche war.

Das Tierkreiszeichen Fisch ist ein wässriges Zeichen und beeinflußt die Gefühle und Emotionen. Die Religion des Fische-Zeitalters hat mehr das Gefühlsleben angesprochen als den Verstand und basiert zu einem Großteil auf Glauben und nicht auf Wissen. Religiöse Mystiker zogen sich von der Welt zurück und erreichten durch nahezu fanatische Selbstverleugnung und Selbstdisziplin einen Zustand geistiger Erleuchtung, wodurch sie befähigt waren, andere für ihren eigenen Glauben und für ihre Ideale zu begeistern. Abgesehen von diesen erleuchteten Mystikern war das Fische-Zeitalter auf vielfache Weise eine Epoche der Finsternis und Verwirrung, in der verschiedene religiöse Ansichten mit großer Grausamkeit aufgezwungen wurden.

Wir sind nun am Ende des Fische-Zeitalters und lassen uns seit einigen Jahrzehnten mehr und mehr vom nächsten Tierkreiszeichen, dem Wassermann, beeinflussen. Wassermann ist ein luftiges Zeichen und stimuliert mehr den Verstand als die Gefühle. Vielleicht wurden die ersten Anzeichen des neuen Zeitalters gleichzeitig mit der Entdeckung des Planeten Uranus, 1781, verspürt. Uranus hat eine enge Beziehung zum Wassermann. Kurz nach der Entdeckung des Uranus kam die französische Revolution, gefolgt von sozialen Unruhen in ganz Europa. Die starke Belebung der Verstandeskräfte des heranrückenden Wassermann-Zeitalters führte zur rapiden Entwicklung wissenschaftlicher Erkenntnisse und gab den Ansporn zu schulischer Erziehung und Bildung der Massen in der ganzen Welt.

Auf zwei Weltkriege folgten enorme soziale Unruhen und Veränderungen. Genau so wie des Menschen Körper und alles in der Natur sich gemäß der spezifischen Gesetzlichkeit entwickelt und nach Erreichung des Höhepunktes abstirbt, um frischem Wachstum Raum zu geben, so müssen auch Gewohnheiten und veraltete Gedankengänge des schwindenden Zeitalters abgelegt werden, sobald sie ihren Sinn verloren haben. Das Einströmen eines neuen Zeitgeistes bringt unvermeidlich Chaos und Zerstörung. Bevor sich das Neue gestalten kann, müssen die alten Begriffe und Ansichten verschwinden.

Das zwanzigste Jahrhundert steht unter dem Druck der hereinströmenden Geisteskräfte des neuen Zeitalters, und die Menschheit mußte durch die "Jahre des Feuers" gehen, wie es die Lehrer aus den geistigen

Höhen genannt haben. In den Dreißiger Jahren sagte White Eagle voraus, daß die letzten Jahrzehnte dieses Jahrhunderts ungeheure Veränderungen im Bewußtsein der Menschen und eine viel spirituellere Lebensauffassung bringen würden. Damals war es schwer zu verstehen, wie so etwas möglich sein könnte.

Jene, die in den Dreißigerjahren in spirituellen Organisationen arbeiteten, hatten große Mühe, ihre Zuhörer vom Leben nach dem Tod, von Karma und Wiedergeburt und dem Sinn und Zweck des Lebens zu überzeugen. Die Arbeit war hart. Vor dem zweiten Weltkrieg war kaum die Rede von geistigen Wahrheiten und neuen Ideen, wie z.B. positives Denken oder vegetarische Ernährung. Vegetarier, Anhänger der Christlichen Wissenschaft, Spiritualisten oder Anhänger irgendeiner neuen geistigen Richtung wurden als exzentrisch erklärt und als Spinner abgetan. Heute ist es beinahe umgekehrt. Auf geistigem Gebiet erfahrene Menschen versuchen, Übereifrige vor unangenehmen Konsequenzen, die auf sie zukommen, wenn sie mit okkulten Kräften spielen, zu warnen, denn das kann genauso gefährlich sein wie wenn neugierige Kinder mit elektrischen Apparaten oder Zündhölzern hantieren.

Abgesehen vom allgemeinen Fortschritt moderner Gedanken und Ideen hat wohl auch der Gebrauch oder Mißbrauch von Drogen die Existenz einer geistigen Realität jenseits der Grenzen des Verstandes bewiesen. Der Gebrauch von Drogen mit dem Zweck, veränderte Bewußtseinszustände hervorzubringen, war den Weisen alter Zivilisationen sowohl des Ostens als auch des Westens längst bekannt, wie auch den Medizinmännern sogenannter wilder Völker. Das ist nichts Neues. Neu für die westliche Welt war das weitverbreitete Experimentieren mit diesen Drogen, das vielen jungen Leuten und ihren Eltern herzzerreißende Probleme brachte. Trotz des tragischen Ausgangs in vielen Fällen, war der bleibende Effekt dieser Experimente anscheinend ein beinahe gewaltsames Öffnen, eine gewaltsame allgemeine Erweiterung des Bewußtseins.

Während wir in unserem physischen Körper ein normales Leben führen, haben wir kaum eine Ahnung, wie dieses Leben durch die Schranken unserer fünf Sinne eingeengt ist. Wissenschaftlich kann dies leicht erklärt werden, wenn wir die Schwingungen von Tönen und Farben, die außerhalb des normalen Hör- und Sehbereiches liegen, als Beispiel heranziehen.

Andererseits ist die Begrenzung der menschlichen Sinnesorgane ein Schutz für die Seele, die in der Materie ihre Erfahrungen sammeln muß. Der Körper ist der Tempel der Seele und die Grenzen der fünf Sinne sind wie Tore, die geschlossen sind, bis die Seele soweit geschult und fortgeschritten ist, daß sie den erweiterten kosmischen Ausblick zu bewältigen vermag.

Das Einnehmen gewisser Drogen bricht diese Schutztore auf, so daß einer oder mehrere dieser Sinne erweitert werden und der Mensch sich eines viel größeren Schwingungsbereiches bewußt wird als der normale Verstand für möglich hält. Vielleicht ist die große Verbreitung dieser Drogen sogar im göttlichen Plan enthalten, damit gewisse Gedankengrenzen, eingesessene Schablonen und starre Gewohnheiten auseinanderbrechen.

White Eagle sagte voraus, mit dem fortschreitenden zwanzigsten Jahrhundert würden viele Seelen inkarniert, deren Bestimmung es sei, als Pioniere und Führer des neuen Zeitalters zu wirken. Eine neue Generation wird geboren, welche, die Zukunft des Wassermann-Zeitalters und dessen erweiterten Horizont ahnend, die Einschränkung, Begrenzung und Dummheit der alten Ordnung nicht mehr ertragen will. Der Pioniergeist der Jugend bewirkt aber auch, daß die neue Generation ein leichtes Opfer der Drogen wird. Immer sind im Leben zwei Kräfte am Werk — die positiven und die negativen — die hellen und die dunklen. Wenn die kosmischen Energien beim Herannahen eines neuen Zeitalters verstärkt werden, kommen sowohl die Kräfte des Lichts als auch die Kräfte der Finsternis in verstärktem Maße auf den Plan. Sie sind wie zwei Zahnräder einer Maschine, die sich gegeneinander drehen und so die Entwicklung der Menschheit vorantreiben.

So ist zu verstehen, warum viele junge Menschen, deren Geburt auf die Zeit nach dem zweiten Weltkrieg fällt, mit einem beinahe unwiderstehlichen Drang angetrieben wurden, die Schranken der physischen Sinne zu durchbrechen, um in neue Welten, neue Bewußtseinssphären vorzudringen. Da Drogen ziemlich leicht zu beschaffen sind und auch scheinbar ein einfaches Mittel darstellen, an neue, aufregende Lebenserfahrungen heranzukommen, stürzen sich die jungen Leute mit dem Enthusiasmus der Jugend und ihrer Lust, veralteten Konventionen ein Schnippchen zu schlagen, in die Drogenszene. So werden ihre Chakras oder Seelenfenster — die Schutztore des Tempels —

weit geöffnet und ihre ungeschützte Seele durch verschiedene übersinnliche Kräfte "bombardiert". Das Übermaß der neuen Erfahrung erfüllt sie mit dem Drang, ihre Begeisterung und Ekstase in Ton, Rhythmus und Farbe auszudrücken.

Kein physischer Körper, kein Nervensystem kann aber den so entstandenen Druck auf die Dauer aushalten. Die Reaktion ist unausweichlich und der Mensch wird gleichgültig, matt und unfähig, mit dem praktischen täglichen Leben fertig zu werden.

Dieser Durchbruch durch die Sinnesschranken ist eine seelische Erfahrung, die man niemandem schildern kann, der nicht selber durch eine solche Erfahrung hindurchgegangen ist. So kam es zu einem anderen wichtigen Aspekt des Wassermann-Zeitalters, dem Wunsch, in Gemeinschaften zu leben und zu arbeiten. Drogensüchtige fühlen sich beinahe automatisch zu Gruppen von Gleichgesinnten hingezogen. Durch ihre forcierte Bewußtseinserweiterung empfinden diese scheinbaren Außenseiter der Gesellschaft die normalen materiellen Werte als Illusion. Wahre Bruderschaft, allgemeine Verbrüderung, sagen sie, müsse die neue Devise sein.

Auch andere Menschen, junge wie auch ältere, werden von Lebensgemeinschaften angezogen und sie versuchen, miteinander das Geheimnis des Gemeinschaftslebens zu entdecken. Das ist bei weitem nicht so einfach, wie es den Anschein hat. Sobald man im praktischen Alltag des Gemeinschaftslebens steckt, stößt man auf die vertrauten, alten Schwierigkeiten. Es sind Persönlichkeitsprobleme, Teil jeder menschlichen Erfahrung und Teil der nie endenden Erziehung des

Geistes, der immer wieder den Versuch unternimmt, die Materie zu meistern, zu läutern und zu verfeinern.

Durch die Jahrtausende warnten geistige Lehrer und Gurus ihre Schüler vor dem Gebrauch von Drogen, Alkohol und anderen Genußmitteln, die das Nervensystem beeinflussen und zerrütten und sogar den Verstand gefährden. Ärzten und Sozialarbeitern der westlichen Welt sind Opfer der Drogensucht nur allzu bekannt.

Es gibt aber auch eine ganze Anzahl Drogensüchtiger, die geistig genügend stark waren, um die forcierte Bewußtseinserweiterung zu überleben, die sich durch die grandiose Vision des Lebens jenseits aber auch innerhalb der Materie imstande fühlten, ihren Fuß auf einen Pfad geistigen Trainings und der Entfaltung zu setzen, auf einen Pfad der Selbstdisziplin und des Höherstrebens. Es ist der Pfad zur Welt Gottes, den alle Heiligen gegangen sind.

Was nun ist der ausschlaggebende Unterschied zwischen dem "high" der Drogensüchtigen und dem "Samadhi" — jener geistigen Ekstase der Heiligen? Ohne Zweifel kann durch Drogen eine gewisse mystische Erfahrung, für Momente sogar eine Art innerer Erhebung erreicht werden. Der Unterschied zwischen einem solchen Erlebnis und dem erhöhten Bewußtsein, das durch Meditation erlangt werden kann, ist, daß letzteres völlig in der Kontrolle des Meditierenden liegt. Erfolg stellt sich ein als Resultat geistiger und materieller Disziplin, und auch durch das Bemühen, das Leben und die Gedankenwelt rein zu erhalten. Unermüdliches Durchhalten über lange Zeit hinweg ist nötig; in der Tat — es muß "verdient" werden. Hat

der Meditierende einmal gelernt, wie er sein Bewußtsein erweitern, auf eine gewisse Stufe anheben kann,
dann wird er seine Erfahrungen, wann immer ge-
wünscht, wiederholen können. Er kennt die Regeln. Er
weiß den Weg. Er kann willentlich in die höheren Welten vordringen und auch wieder zur Erde herabsteigen.

Natürlich wird das Meditieren an gewissen Tagen
leichter sein als an anderen. "*Der Wind weht wo er will
und du hörst sein Wehen, aber du weißt nicht von wo er
kommt und wohin er geht*". Manchmal, so scheint es,
kommt ein besonderes Geschenk aus der Höhe, wie
ein Lichtstrahl vom Himmel, doch immer behält der
Meditierende die Kontrolle. Nach eigenem Ermessen
kann er in den Alltag zurückkehren, kann seine Chakras fachgemäß versiegeln und wird seine weltlichen
Verantwortungen mit erneutem Mut und tieferem
Verständnis wieder aufnehmen. Der geistige Kontakt
während seiner Meditation hilft ihm, ein besseres Leben zu leben, größere Hilfsbereitschaft zu zeigen und
alle Gaben Gottes vermehrt zu schätzen und zu achten. J. Stanley White sagt in seinem Buch "*Die Befrei-
ung der Seele*": „Ein von geistigen Offenbarungen
durchdrungener Mensch verbreitet Frieden und Ruhe
um sich. Er ist für andere eine Quelle von Kraft und
Glück und wird — wie Christus es ausdrückte — ein
Licht, das den Menschen leuchtet."

Im Gegensatz hierzu ist beim psychedelischen
'trip' des Drogensüchtigen das, was ihm geschieht,
völlig außerhalb seiner Kontrolle. Hat er sich einmal
die Droge verabreicht, kann er das Geschehen nicht
mehr aufhalten. Er bleibt "high", bis die Wirkung auf
sein Nervensystem und auf seinen Ätherleib nachge-

lassen hat. Er ist durch die übersinnlichen Strapazen geschwächt und am materiellen Leben uninteressiert. Er ist unfähig und nicht mehr gewillt seiner Verantwortung nachzukommen. Er wird zur Belastung für Familie, Freunde und Umwelt.

In der Meditation lernen wir die Gefühle, die fünf Sinne und die äußere Gedankenwelt zur Ruhe zu bringen, damit unser inneres Bewußtsein — von White Eagle 'Herzensverstand' genannt — in Aktion treten kann. Psychedelische Drogen wirken genau in entgegengesetzter Richtung. Sie intensivieren die Sinne und erweitern die Gedankenwelt, so daß sie überaktiv und unkontrollierbar werden, statt still und friedlich. Sie wirken den Regeln geistiger Entfaltung entgegen und bringen den Drogensüchtigen in manche Schwierigkeiten. Das schlimmste ist, bei körperlicher Schwäche mit enorm gesteigerter Sensibilität fertig zu werden.

Wenn wir die Werke und das Leben der großen Mystiker irgendeiner Zeitepoche und irgendeines Volkes studieren, dann sehen wir, daß alle die gleiche Botschaft gebracht haben. In ihren Erfahrungen und in ihrer Ausdrucksweise mögen kleine Unterschiede sein, im Großen und Ganzen aber beschreiben sie die gleichen Stufen geistigen Entfaltens. Der Weg zum Gottesbewußtsein ist mit den gleichen Wegweisern, mit denselben Erfahrungen markiert. Für alle, die diesen Weg gehen, ist es in der Tat eine beglückende Erfahrung, zu entdecken, daß sie in bester Gesellschaft sind. Sie haben dieselben Kämpfe, die gleichen Prüfungen, dieselben Augenblicke der Erleuchtung und Freude.

Aus den Beschreibungen von Drogensüchtigen

geht hervor, daß keine Erfahrung der anderen gleicht, noch kann eine gewisse Erfahrung willentlich wiederholt werden. Viele Drogenabhängige haben eine Art mystischer Schau erlebt, aber so oft sie die Droge auch anwenden — sie erhalten nie das gleiche Resultat. Das ist unbefriedigend und quälend. Vor allem ist es weit von dem Gefühl des Friedens und der inneren Freude entfernt, das sich nach regelmäßigem, diszipliniertem Meditieren einstellt.

Durch den raschen Fortschritt in wissenschaftlicher Erkenntnis und allgemeiner Bildung werden die alten religiösen Dogmen einer scharfen Kritik unterzogen. Alle Dogmen, die den modernen Bedürfnissen und Ansichten nicht standhalten, werden skrupellos über den Haufen geworfen. Doch brauchen die weitreichenden Veränderungen und die scheinbar moralische Dekadenz jene nicht anzufechten, die Kenntisse auf dem Gebiet der Ur-Weisheit besitzen. Das neue Zeitalter wird der Menschheit eine neue Erleuchtung und eine Neuformulierung dieser Ur-Weisheit bringen. Jesus sagte: *Niemand füllt neuen Wein in alte Schläuche*. Die neuen Ideale des Wassermann-Zeitalters benötigen neue religiöse Begriffe und neue religiöse Ausdrucksformen.

Wassermann ist das Zeichen für Freundschaft, Bruderschaft und Gruppentätigkeit, wie auch für wissenschaftliche Forschung und Weltraumforschung. Der alte Aberglaube und die alten Dogmen und Traditionen — Ursache von so viel Grausamkeit und Leid — schwinden rasch. Die Religion des neuen Zeitalters wird naturgemäß eine Religion wahrer Bruderschaft, Freundschaft und Zusammmenarbeit sein.

Wenn der Mensch der geistigen Führung, die ihm heute aus vielen Quellen zufließt, folgt, wenn er sich bemüht im Einklang mit den kosmischen Gesetzen zu leben, dann wird er einer Epoche des Glücks und der Erfüllung entgegengehen.

So sicher wie die Monate des Kalenderjahres der Bewegung der Sonne folgen, so folgen sich auch die Jahreszeiten der menschlischen Entwicklung durch die Tierkreiszeichen des Großen Weltenjahres. Der lange, dunkle Winter des Leids und der Unzufriedenheit geht zu Ende. Der Menschheits-Frühling mit seinem heller werdenden Licht und seiner größer werdenden Freude wird in den Sommer des Großen Weltenjahres übergehen — in ein neues goldenes Zeitalter der Bruderschaft, des Friedens und vollkommener Gesundheit.

****

II

DER KOSMISCHE CHRISTUS

Die Geschichte der Christenheit am Anfang des Fische-Zeitalters weist nicht nur auf den Einfluß des emotionalen und mystischen Aspektes dieses Tierkreiszeichen hin, sondern deutet auch auf die Verwirrungen und Konflikte, die man gewöhnlich mit diesem Zeichen in Verbindung bringt, hin. Als sich das Christentum über Europa und Kleinasien ausbreitete, vermischte es sich auf seltsame Weise mit den lokalen religiösen Gebräuchen des Mithraismus, dem die Sonnenanbetung zugrunde lag. Somit wurden viele der Riten und Festlichkeiten des Mithras-Kultes vom Christentum übernommen. Doch der größte Konflikt entstand durch die Streitfrage, wer denn Jesus eigentlich sei, inwieweit er Mensch oder aber Gott sei.

Mit der Zeit waren im gesamten römischen Reich die verschiedensten Lehrmeinungen vertreten, so daß die Kirchenfürsten eine Anzahl von Konzilien einberiefen, um den christlichen Glauben zu vereinheitlichen. So wurde anno 325 im Konzil von Nicäa durch Mehrheitsbeschluß das Dogma von der Göttlichkeit Jesu verkündet. Diese Entscheidung entfremdete die Christenheit von der Ur-Weisheit in Bezug auf den Kosmischen Christus und brachte weitere Mißverständnisse und Falschinterpretationen der Lehren Jesu und der Apostel, ganz besonders die Erlösungskraft Christi betreffend.

Gemäß der Ur-Weisheit ist die Sonne ein äußeres,

sichtbares Symbol des ewigen Geistes, Quelle allen Lebens, überaus herrlich und jenseits menschlichen Begreifens. So wie die Erde von der Wärme und vom Licht der sichtbaren Sonne abhängt, so hängt die Menschenseele, ihr Leben, ihr Glück und ihre Entwicklung von der u n s i c h t b a r e n Sonne ab, die Johannes der Evangelist als "das wahre Licht" beschreibt, das jedem Menschen, der in die Welt kommt, leuchtet.

Christus, das dritte Gottesprinzip, ist das Licht, das die Sonne ausstrahlt, doch darüber hinaus ist er die geistige Sonne, viel strahlender und schöner als alles, was wir mit dem physischen Auge wahrnehmen können. Es ist ganz unmöglich, es mit Worten auszudrücken, geschweige denn seine Größe und Herrlichkeit sich vorzustellen oder zu erahnen.

Man kann ihn sich nicht einfach in der Gestalt eines Menschen vorstellen, denn das hieße seinem Wesen eine Begrenzung setzen. Christus, obgleich er die ideale Gestalt des Menschen darstellt, verhält sich zum Durchschnittsmenschen wie ein Berg zum Sandkorn am Meer. Sein Licht, dessen Aura nicht nur die Erde umgibt, sondern weit über diese hinaus leuchtet, dessen Schwingung das Leben aller Kreaturen auf Sonnen und Planeten aufrecht erhält, übersteigt unser Verstehen. Doch ist ein Funke davon, ein Flämmchen, in jeder Frau, jedem Mann und in jedem Kind. Deshalb kann jeder Mensch, nach Gottes Ebenbild erschaffen, gottähnlich werden.

Es benötigt viele Zeitalter, um dieses Licht — den Christus im Herzen des Menschen — zur Entfaltung und zum Leuchten zu bringen, ähnlich dem Samenkorn, das lange in der Dunkelheit der Erde liegt, ehe es anfängt zu keimen. Dennoch nimmt dieses Licht an Strahlkraft im Verlaufe von unzähligen Erdenleben zu, bis es beginnt, die Dunkelheit der materiellen Hülle — die Finsternis, die es nicht versteht — zu durchdringen.

Die Ur-Weisheit lehrt, daß der Mensch in einem materiellen Leib auf die Erde kommt, nicht nur einmal, sondern viele Male, bis der Geist, der in Dunkelheit begraben ist, erwacht und stark genug wird, um die physischen Partikel zu Licht werden zu lassen.

Ist diese Stufe erreicht, ist die Seele von der Notwendigkeit der Wiedergeburt befreit. Sie ist zum Meister, zum Erleuchteten geworden. Von Zeit zu Zeit kommen solche Meister freiwillig zur Erde, um die sich abquälende Menschheit auf die Schönheit und die Einfachheit des Christuslichtes hinzuweisen.

Die Kraft der göttlichen Flamme nimmt nur langsam zu. An einem gewissen Punkt des Evolutionszyklus beginnt sie, das Bewußtsein des Menschen zu wecken. Der Betreffende fühlt einen inneren Antrieb, auf die Suche nach der Wahrheit zu gehen. Wenn das geschieht, wird er oftmals auf ganz besondere Weise geführt, sei es zu Mitmenschen, die ihm weiterhelfen, sei es zu Büchern, die ihn inspirieren. Er macht Erfahrungen, die sein inneres Licht stimulieren und es veranlassen, sich rascher zu entwickeln. Er begibt sich auf den Pfad des geistigen Strebens und der Selbstdisziplin. Heilige und Seher aller Zeitepochen und Religionen sind diesen Pfad der Einweihung gegangen. Jesus von Nazareth war ein solcher Eingeweihter — vielleicht einer der größten.

Die Ur-Weisheit lehrt, daß der kosmische Christus nicht mit einer einzigen Persönlichkeit identifiziert werden kann, obwohl schon in alten Zeiten und in vielen Rassen, ganz abgesehen von der jüdischen, Prophezeiungen existierten, die auf eine Zeit hinwiesen, in der das Licht in der Dunkelheit scheinen, "das WORT zu Fleisch werden und unter den Menschen wohnen würde". Wie bereits erwähnt, wurde Jesus etwa in der Mitte des derzeitigen großen Weltenjahres geboren. Dieser Zeitpunkt war astrologisch von großer Bedeutung, als sich der Frühlingspunkt des Weltenjahres nahe am Übergang vom Sternbild Widder, in dem die Kräfte der Sonne verstärkt sind, zum Sternbild Fische befand.

Im Evolutionszyklus der Menschheit war die Zeit für die Taufe durch den kosmischen Christus gekommen, um dadurch das Christuslicht in der Menschheit als Ganzes zu wecken.

Bisher lag der religiöse Schwerpunkt im M a c h t - a n s p r u c h der Gottheit. Während der "Kindheit" des Menschengeschlechts waren Rasseninstinkte vorherrschend und ihr Gottesbegriff war das begrenzte Bild eines starken Mannes der eigenen Rasse. Inspirierte Propheten, deren Wissen nicht in dieser Weise begrenzt war, sahen voraus, daß einer kommen würde, mit der Fähigkeit, die Menschen aufzurütteln, der ihnen die Augen öffnen würde für die Nöte ihrer Mitmenschen, aber auch für die eigenen Bedürfnisse. Er würde eine *Liebe* bringen, die selbstlose Hingabe inspiriert — eine Hingabe, die allein imstande wäre, das Ideal universaler Bruderschaft zu verwirklichen.

Dies war die eigentliche Mission, für die Jesus während vieler Inkarnationen vorbereitet wurde, um ein menschlicher Kanal zu sein, durch welchen der kosmische Christus unter uns wirken konnte. Dies nicht nur während Jesu dreijähriger Lehrtätigkeit, sondern auch als Vorbild und stets gegenwärtige Kraft während des ganzen Fische-Zeitalters. Mit dem Erscheinen dieses personifizierten kosmischen Christuslichtes durch Jesus von Nazareth erhielt die gesamte Menschheit ihre "Sonnentaufe". Von diesem Zeitpunkt an ist ein merklicher Rückgang des alten Stammes- und Rassendünkels zugunsten des neuen Geistes der Liebe, des Friedens und der Bruderschaft zu verzeichnen.

Interessant ist, daß im Neuen Testament der Taufe sowohl mit Wasser als auch mit Geist in Anbetracht des Einflusses des wässrigen Zeichens Fische eine besondere Bedeutung beigemessen wird. Eines der charakteristischen Merkmale dieses Zeichens ist die Empfänglichkeit für außersinnliche Wahrnehmungen, und somit war auch die Seele der Menschheit speziell befähigt und bereit, die Taufe des kosmischen Christus zu empfangen, der sozusagen "geerdet" war durch die Persönlichkeit Jesu.

Die Entwicklung der frühen Christenheit ist auch durch andere charakteristische Merkmale des Fische-Zeitalters gekennzeichnet. Das Symbol der Fische ist doppelter Natur, und die Doppelspurigkeit zeigte sich bald in der Uneinigkeit der frühen Christen. Es entstanden zwei Hauptgruppen. Gemeint ist nicht nur die äußerliche Trennung der östlichen von der römischen Kirche, sondern eine subtilere Zersplitterung in die äußere oder exoterische und die innere oder esoterische Interpretation der christlichen Lehre. Jene Kirche, die Petrus gründete, lehrte die äußere Symbolik der neuen Religion. Ihre Anhänger organisierten sich allmählich in eine geordnete Priesterschaft, die einen scharf definierten Glauben einführte, der die westliche Zivilisation in ihrem Bann hielt. In dieser äußeren oder exoterischen Form der Religion wurde die Ur-Weisheit durch das Dogma der Göttlichkeit Jesu ersetzt, und vom kosmischen Christus wurde nicht mehr gesprochen.

Die zweite Gruppe der frühen Christen bestand aus kleinen Bruderschaften, die über viele Länder der damaligen Welt zerstreut waren und im Geheimen wirkten, um die Wahrheit der Ur-Weisheit lebendig zu erhalten. Gründer und Oberhaupt dieser Logen und Gruppen war Johannes der Mystiker, der in seinem Evangelium, in den Episteln und in der Offenbarung einen Aspekt der Lehren Jesu aufzeigt, der sich beträchtlich von den Lehren der drei anderen Evangelisten unterscheidet. Liest man sein Evangelium im Licht der Ur-Weisheit, soweit es den kosmischen Christus betrifft, dann wird vieles klar, das bisher unklar und verwirrend erschien. Die Offenbarung Johannes befaßt sich symbolhaft mit der Entwicklung des menschlichen Geistes in allen seinen Phasen durch die großen Weltenjahre des himmlischen Tierkreises. Diese mystischen Lehren wurden einer inneren Bruderschaft, der Bruderschaft des heiligen Johannes, übermittelt.

Diese inneren Bruderschaften haben die Jahrhunderte der Grausamkeit und Wirren überdauert und die geheimen Lehren mystischen Christentums von Generation zu Generation an jene weitergegeben, die bereit waren sie anzunehmen. Sie scheuten weder Verfolgung noch Tod, wenn es darum ging, ihr geheimes Wissen zu schützen. Sie bemühten sich, in ihrem Leben die Lehren Jesu zu verwirklichen. Wo immer sie hingingen, wurden sie für ihre Einfachheit, Freundlichkeit und wahre, echte Heiligkeit geliebt und geachtet. Eine dieser Gruppen, bekannt als die Albigenser, wurde von Kirche und Staat bis zur völligen Ausrottung verfolgt. Doch der Lichtstrahl erhielt sich durch die Jahrhunderte hindurch, und heute, zu Beginn des Wassermann-Zeitalters, werden die "weißen Brüder", sowohl die inkarnierten wie auch die nicht inkarnierten, zunehmend aktiv. Überall auf der Erde wirken sie, immer noch in kleinen Gruppen, um jenen, die geistig danach hungern, die mystischen, christlichen Lehren zu vermitteln, nach denen sie so innig verlangen und die ihnen ihre quälenden Fragen beantworten.

Im letzten Teil des Johannes Evangeliums, nach dem bekannten, wunderbaren Fischfang, fragte Petrus den Meister, was denn die zukünftige Aufgabe von Johannes, dem Lieblingsjünger, wäre. Er erhielt zur Antwort: *„Wenn es mein Wille ist, daß er warte, bis ich komme — was geht es dich an? Folge du mir nach."* Derart umriß Jesus das zukünftige Wirken der beiden Jünger Petrus und Johannes. Petrus, zu dem er sagte: *„Weide meine Schafe"*, sollte dem Volk eine Interpretation des Christentums vermitteln, damit es ein gewisses mystisches Verständnis durch den Glauben an Jesus als den persönlichen Erlöser entwickeln würde. Die Idee, daß Christus ein kosmisches Wesen sei, das durch Jesus mit der Erde verbunden ist, war gänzlich jenseits des Begriffsvermögens der Massen. Diese benötigten einen Hirten, eine organisierte Kirche Petri. Die wenigen, welche die mystischen Lehren des Kosmischen Christus verstanden hatten, verblieben in kleinen, hermetisch abgeschlossenen Gemeinden unter der Obhut Johannes, bis, gemäß der Symbolik des Evangeliums, der Mann, der den Krug mit Wasser trägt — der Wassermann (Aquarius) — sie in das "obere Gemach" führt, allwo sie mit Christus verbunden sein würden.

Mit dem zunehmenden Einfluß des Wassermann-Zeitalters wird das mystische Christentum von Johannes allmählich die überholte orthodoxe Kirche Petri ersetzen und die Menschheit in ein "oberes Gemach", auf eine höhere Bewußtseinsebene, ein besseres Verständnis emporheben, wo eine echte Kommunikation mit dem Kosmischen Christus allen jenen möglich ist, die ernsthaft suchen. Der Suchende wird zum heiligen Gral geführt, wo alles Leid und alle Nöte gelindert werden. Wenn das Verständnis für diese echte Kommunikation Allgemeingut geworden ist, wird das Christuslicht, das durch des Menschen Herz leuchtet, das ganze Leben erhellen, "die Erde verherrlichen" oder anders ausgedrückt, die Schwingung der Erde erhöhen. Das ist die versprochene Wiederkunft Christi, die in den Evangelien vorausgesagt ist.

****

III

DIE KOSMISCHEN GESETZE, DIE
DES MENSCHEN LEBEN BESTIMMEN

Im Jahre 553 beschloß das Konzil von Konstantinopel, den Kirchenbann über all jene zu verhängen, die an die mystische Lehre von der vorgeburtlichen Existenz der Seele und deren Rückkehr zur Erde, an die Reinkarnation, glaubten. So unterdrückten die Kirchenfürsten durch Mehrheitsbeschluß wiederum eine der Wahrheiten, die in den Lehren Jesu enthalten waren und in den ehemaligen Mysterienschulen gelehrt wurden. Die Reinkarnations- oder Wiedergeburtslehre ist heute noch der anerkannte Glaube von Millionen Menschen im Osten.

Wie bereits erwähnt, hatte die Kirche in der Entwicklung der Menschheit ihre eigene Mission zu erfüllen. Eine Kirche aber, die sich anmaßt, die einzige zu sein, welche die Wahrheit empfangen und verkünden darf, die durch das Mittel der Sakramente die Macht beansprucht, Erlösung von Schuld zu gewähren oder nicht zu gewähren und den Gläubigen zu ewiger Verdammnis zu verurteilen, kann eine furchtbare Gewalt über Gedanken und Fantasie ihrer Anhänger ausüben. Ein solches Dogma hat die Tendenz, jede persönliche Verantwortung auszuschalten und verleitet den Menschen zu der Schlußfolgerung, daß er ungestraft tun und lassen kann, was er will, solange er die Mittel hat, den Preis zu bezahlen, den die Priesterschaft fordert.

Mit der Verbreitung wissenschaftlicher Kenntnisse in der westlichen Welt und mit dem Erwachen eines sozialen Gewissens ist es kaum verwunderlich, wenn viele Leute solche Ideen nicht länger dulden wollen und die Autorität der Kirche in Frage stellen. Viele Menschen sehnen sich nach vermehrtem Wissen über den Sinn von Leben und Tod und haben kein Vertrauen mehr in die Kirche und deren Fähigkeit, diesbezügliche Probleme zu lösen.

White Eagle lehrt, daß das Leben auf der Erde durch fünf unumstößliche Gesetze geregelt ist. Es ist im Rahmen dieses Buches nicht möglich, eine vollständige Beschreibung dieser Gesetze und ihrer Auswirkungen wiederzugeben. Die nachstehenden Hinweise mögen genügen.

1. Reinkarnation — Das Gesetz der Wiedergeburt.
Kurz gesagt: Das Leben im physischen Körper ist wie ein Schulsemester. Wir kommen auf die Erde, um gewisse Lektionen zu erlernen, gewisse Fähigkeiten zu entwickeln, und am Ende des Semesters gehen wir wiederum nach Hause. Wir ziehen uns zurück in eine innere oder feinstofflichere Lebenssphäre, in ein "Land des Lichts", wenn man es so nennen will, um uns für eine Weile auszuruhen und zu erholen. Während dieser Zeitspanne kann die Seele überprüfen, was sie während des vorangegangenen Erdenlebens gewonnen oder verloren hat. Wenn sie nach einer Zeit der Ruhe und Erholung fühlt, daß sie weitere Erfahrungen benötigt und mehr Weisheit erlangen möchte, werden ihr weitere Lektionen vorgeschlagen, die sie erlernen kann. Sie wird dann zur gegebenen Zeit und Stunde an den hierfür bestimmten Ort geführt, um ein erneutes

Erdenleben zu beginnen. Dieser Wechsel zwischen Arbeit und Erholung wird solange fortgesetzt, bis der "irdische Lehrgang" vollendet ist.

2. K a r m a — Das Gesetz von Ursache und Wirkung. Es ist das Gesetz, nach welchem wir die Früchte unserer Handlungsweise ernten. Paulus sagte: „Gott läßt sich nicht täuschen, denn was ein Mensch gesät hat, das wird er auch ernten."

Nach genauem und unerbittlichem Gesetz und gemäß Gottes allerhöchster Gerechtigkeit, werden wir in solche Umstände hineingeboren, in denen wir jenen wieder begegnen, gegen die wir früher ein Unrecht begingen oder die uns Unrecht zufügten, aber auch jenen, denen wir geholfen haben oder die uns beigestanden sind. Wir reinkarnieren zusammen mit jenen, die wir verletzt haben, bis alles Unrecht in Ordnung gebracht und alle Schuld vergeben worden ist — bis aller Haß und alle Eifersucht in Liebe umgewandelt sind. Wir inkarnieren aber auch zusammen mit jenen, die wir liebten und die uns liebten, und das bringt Freude in unser Leben. Durch die Gnade Gottes können wir, so wir dies wirklich wollen, alles was wir erleiden in schöpferische Kraft umwandeln, d.h. unser sogenanntes schlechtes Karma auf einer höheren Ebene in kreative Erfahrungen umwandeln.

Jeder Mensch wird sein unabänderliches Leid, seine Enttäuschungen und Frustrationen als Resultat seiner Fehler in früheren Leben durchzustehen haben, doch jeder hat die Möglichkeit, im H i e r und J e t z t durch sein *heutiges* Denken und Tun seine Zukunft entweder freudig oder mißlich zu gestalten.

3. Das Gesetz der erneuten Chancen.

Dieses Gesetz ist eng mit den Gesetzen von Karma und Reinkarnation verknüpft. Es bürgt dafür, daß die reinkarnierende Seele in jene Umweltbedingungen hinein geboren wird, die ihr erneute Chancen bietet, alte Schulden zu begleichen und jene Kenntnisse und Erfahrungen zu sammeln, die sie zur Entwicklung benötigt. Der freie Wille ist begrenzt durch die Einschränkungen, welche die betreffende Seele selbst gewählt und angenommen hat. Obgleich unser gegenwärtiges Leben aus den vergangenen hervorgeht und durch frühere Fehler eingeschränkt ist, haben wir in uns die Kraft, durch Überwindung der heutigen Schwierigkeiten die Zukunft selber zu gestalten. Die Christusflamme im Herzen eines jeden Menschen enthält die schöpferischen Kräfte Christi.

Gelingt es uns, diese Flamme zu entfachen, dann werden wir entdecken, daß sie eine magische Wirkung ausübt, sowohl auf uns selber als auch auf unsere Umgebung. Dann können wir lernen, unsere Gedanken und Gefühle so zu meistern, daß sie aufbauend und nicht zerstörend wirken, und daß wir jene, die um uns sind, trösten und heilen statt gedankenlos über sie den Stab zu brechen. Es gibt Inkarnationen, in denen schwere karmische Schulden zu tilgen sind. Dann bietet das eben Gesagte die einzige Möglichkeit, die beschränkten Kräfte des freien Willens wirksam einzusetzen.

Es mag jene ermutigen, die an Invalidität und unheilbaren Krankheiten leiden oder sonst stark eingeschränkt sind, zu wissen, daß in ihrer schwierigen Lage trotzdem ein positiver Aspekt zu finden ist. Sie können entweder ihre selbstgewählten Einschränkungen mit Geduld und Ausdauer hinnehmen, ihr Selbstmitleid überwinden, können sich bemühen, ihre Gedankenkraft und Vorstellungsgabe einzusetzen, um anderen Freude und Inspiration zu bringen, oder sie können den Kampf aufgeben und immer tiefer in Selbstmitleid und Klagen versinken und somit das Leben für alle in ihrer Umgebung zur Hölle werden lassen. Wenn ersteres befolgt wird, kann die Schuld nicht nur rascher beglichen werden, die Seele gewinnt auch an Einsicht und Kraft. Auf diese Weise wird die neue Chance, die das Karma bietet, positiv genutzt und die Ausgangsbasis für verantwortungsbewußtes Wirken in einem gesunden Körper in der nächsten Inkarnation geschaffen.

Das Gesetz erneuter Chancen hilft uns auch, natürliche Veranlagungen, Talente und Begabungen in Kunst und Wissenschaft zu entwickeln. Wir fühlen uns instinktiv zu Studien hingezogen, die wir schon in früheren Leben pflegten und liebten. Je mehr wir uns damals anstrengten, gewisse Handfertigkeiten und Techniken zu meistern, desto sicherer kommen wir mit einem Naturtalent zur Erde zurück. Ein solches Talent kann durch erneutes intensives Ausüben weiter gefördet werden. Umgekehrt werden Talente, die man vernachlässigt oder mißbraucht hat, weggenommen, so wie es in der Parabel von den Talenten erzählt wird. Das göttliche Gesetz ist in allen seinen Einzelheiten gerecht, wahrhaft und vollkommen.

4. Das Gesetz des Gleichgewichtes.
Dieses Gesetz ist in der ganzen Natur sichtbar, in

der Wechselwirkung von Tag und Nacht, Wärme und Kälte, Ausdehnung und Zusammenziehung, in positiven und negativen Strömen, in Säuren und Basen und im Schwung eines Pendels. Es ist ein fundamentales Gesetz in Bezug auf des Menschen Leib und Seele und wirkt als eine Art Sicherheitsventil. Es bewirkt, daß eine extreme Haltung nur bis zu einem gewissen Punkt geführt werden kann, bevor die Reaktion einsetzt und uns wieder zur normalen Haltung zurückführt. Für die Entwicklung der Persönlichkeit in aufeinanderfolgenden Leben ist dieses Gesetz von besonderer Bedeutung, denn es veranlaßt die Seele, zwischen zwei Polen zu pendeln, z.B. zwischen introvertierten und extravertierten Ausdrucksformen, bis zuletzt ein ausgeglichener Zustand erreicht ist. Es kann jemanden, der in einem Leben fanatisch war, veranlassen, im nächsten Leben genauso fanatisch zu sein, doch im anderen Extrem. So wird das Gleichgewicht der Seele wieder hergestellt. Unsere Erfahrungen in Freud und Leid haben die Tendenz, diesem Gesetz zu folgen, das manchmal auch das Gesetz der Kompensation genannt wird. Weise Philosophen wissen, daß Leid stets tiefe Furchen zieht und ein Wegbereiter ist für die Freude.

5. *Das Gesetz der Entsprechungen.*
Dieses Gesetz weist auf eine besonders enge Beziehung zwischen dem Menschen als Mikrokosmos und Gott als Makrokosmos hin. Wir können dieses Gesetz erst verstehen, wenn wir begreifen, daß die gesamte äußere oder sichtbare Schöpfung das Resultat eines inneren oder unsichtbaren Willens, eines schöpferischen Impulses, oder anders gesagt — von Gedan-

kenkräften ist. Das gesamte Universum ist das Resultat von Gottes Gedanken und der Mensch, im Ebenbild Gottes erschaffen, besitzt, sozusagen im Embryonalzustand, Gottes schöpferische Kräfte. Er ist ein Gott im Werden.

Das Gesetz der Entsprechungen ist auch ein Gesetz der "Veräußerlichung", wobei der Zustand unseres inneren Bewußtseins allmählich und unausweichlich im Äußeren, im Körper, sichtbar wird. Jedes Kind, das zur Welt kommt, hat tief in den Kammern seines Innersten ein Programm, welches bestimmt, wie sich sein Leben entfalten soll. Dieser Lebensplan ist auch verschiedenen Teilen des Körpers eingeprägt. Er zeigt sich in den Handlinien und in der Kopfform. Man kann ihn aus der Handschrift lesen, in der Art, wie sich der betreffende Mensch bewegt, aber auch in jeder Form des Ausdrucks. Ein geschulter Seher, einer der weiß, wie man diese Zeichen interpretiert, kann Charakter und Schicksal der Seele während des gegenwärtigen Lebens ziemlich gut beurteilen. Gut beobachtende Ärzte können oft Krankheiten je nach Typ und Körperbau ihres Patienten diagnostizieren.

Auf ähnliche Weise besteht eine mystische Verbindung zwischen dem Charakter und den Lebensumständen eines Menschen einerseits und der Position von Sonne, Mond und Gestirnen im Moment der Geburt andererseits. Die Wissenschaft der Astrologie galt als heilig und war ein Teil der Ur-Weisheit und kann dem heutigen Wahrheitssucher nur empfohlen werden.

Die alten Philosophen drückten das Gesetz der Entsprechungen in den Worten aus: Wie oben — so unten. Wie im Himmel — so auf Erden. Hierin liegt ein wertvoller Schlüssel für das Studium der geistigen Wissenschaften. Wenn man die ganze Bedeutung dieses Gesetzes versteht, dann kann man über die Fülle göttlicher Weisheit und Liebe, die hinter allen Einzelheiten des menschlichen Lebens steht, nur noch staunen.

****

IV.

RATSCHLÄGE UND REGELN FÜR DAS TÄGLICHE LEBEN

Von der Liebe zu Gott

Ein gründliches Wissen um die fünf im letzten Kapitel erwähnten Gesetze kann im täglichen Leben von unschätzbarem Wert sein. Wenn der Mensch seine Gedanken und Handlungsweise diesen Gesetzen anpaßt und in Harmonie mit ihnen zu leben versucht, wird er erfahren, daß sich in seinen äußeren Umständen Harmonie und Schönheit einstellen. Allmählich werden alle krummen Wege geebnet.

Im Alten Testament wird berichtet, wie Moses seinem Volk zehn Gebote brachte, die den Menschen helfen sollten, im Rahmen der kosmischen Gesetze harmonisch zu leben. Jesus faßte sie zusammen in zwei Hauptgebote, die heute noch so wahr und dynamisch sind wie damals. Das erste dieser Gebote heißt: „Liebe den Herrn, deinen Gott, von ganzem Herzen, mit ganzer Seele und mit dem ganzen Gemüt." Und er fügte bei: „Dies ist das erste und größte Gebot."

Die Beachtung dieses ersten fundamentalen Gebotes bringt uns Glück und Frieden und verleiht dem Dasein einen Sinn. Mit "Gott lieben" ist etwas viel lebendigeres und freudigeres gemeint als konventionelle Frömmigkeit. Auf eine einfache Formel gebracht heißt es, das gesamte Leben zu lieben und zu achten. Johannes sagte: „Kein Mensch hat Gott je gesehen." Doch

47

Gott, oder dessen Offenbarung durch Christus, lebt als das göttliche, unsichtbare Feuer oder Licht in aller Kreatur! Wenn wir beginnen, unsere Augen für die Schönheit und die Wunder der Natur zu öffnen, wenn wir lernen, Freundschaft zu schätzen und uns an der Erschaffung schöner oder nützlicher Dinge zu begeistern, dann lieben wir Gott ohne es zu wissen und bringen uns dadurch in Harmonie mit Seinem Gebot. Jede Tätigkeit, die ein Gefühl der Begeisterung, der Freude und der Selbstachtung mit sich bringt, vermag in uns die Liebe zu Gott zu wecken.

Sobald wir das Leben lieben und alle seine Gaben uns freudig stimmen, lieben wir Gott. Liebe heißt aber auch dienen. Niemand kann wahrhaft lieben ohne den Wunsch, dem Gegenstand seiner Liebe dienen zu wollen. Je mehr wir das Leben lieben, desto größer wird unser Wunsch, diesem Leben zu dienen und unserer Umgebung Schönheit zu verleihen. Dieser uns von Gott verliehene Schaffensdrang kann täglich gefördert werden, bis der Wunsch, allem Leben zu dienen, zu einer derart kreativen Kraft geworden ist, daß sie alle unsere Handlungen motiviert.

Jede Frau, jeder Mann und jedes Kind hat den tief verwurzelten Wunsch, irgendetwas Kreatives zu vollbringen, das der mannigfachen Schönheit des Lebens hinzugefügt werden kann. Jede Arbeit, die von ganzem Herzen und so gut als möglich verrichtet wird, gibt Freude und Befriedigung, ganz abgesehen von ihrem materiellen Wert. Sie bringt ein inneres Glücksgefühl, das eine neue Quelle der Freude für weitere Anstrengungen und Erfolge erschließt. Es ist bekannt, daß Muskeln, die ständig im Einsatz sind, kräftiger werden, während jene, die ungenützt bleiben, erschlaffen und verkümmern.

"Was immer du tust — tue es mit ganzem Einsatz". Das ist ein weiteres biblisches Wort, das veranschaulichen möchte, wie man die Liebe für Gott oder für das Gute zum Ausdruck bringen kann. Es tut nichts zur Sache, welche Form des Dienens gewählt wird. Solange es von ganzem Herzen getan wird, ohne Hintergedanken an Belohnung, ist es ein Ausdruck des guten oder göttlichen Willens und öffnet innere Quellen von Freude und Harmonie. Die Pflege eines Gartens, das Verschönern eines Hauses, einen Kuchen backen, eine Maschine warten, damit sie gut und störungsfrei läuft, Kranke pflegen, Not lindern — das alles sind schöpferische Tätigkeiten, die die Liebe zu Gott ausdrücken. In der Tat, jegliche Arbeit, die das Leben für andere angenehmer und harmonischer gestaltet, ist Ausdruck des Liebens und Dienens.

Das Befolgen des ersten und größten Gebotes bringt uns in Harmonie mit dem geistigen Gesetz, wodurch wir gutes Karma erwerben, das uns stetig sich erweiternde Gelegenheiten verschafft und immer bessere Leistungen ermöglicht. Im Gleichnis von den Talenten arbeiteten zwei Knechte nicht für Eigengewinn, sondern setzten die ihnen anvertrauten Talente gewinnbringend ein, um ihrem Herrn zu dienen, während der dritte Knecht, der ängstlich und furchtsam war und seinem Meister grollte, sein Talent vergrub. Er weigerte sich, das ihm anvertraute Talent zu vermehren, d.h. sich für seinen Herrn anzustrengen, und so verlor er auch das, was er hatte.

Arbeitnehmer lehnen sich auf, weil durch ihre Arbeit Geld in die Taschen ihres Arbeitgebers fließt und sie nicht das erhalten, was sie einen gerechten Gewinnanteil nennen. Würden sie das Gesetz von Karma und Reinkarnation und das Gesetz der erweiterten Gelegenheiten kennen, könnten sie verstehen, daß das heutige Verhältnis zu ihrem Arbeitgeber in einer früheren Inkarnation seinen Ursprung hat, als vielleicht eine ähnliche Situation bestand, doch mit vertauschten Rollen.

Letztendlich ist der Mensch in Bezug auf das Dienen nicht einem anderen Menschen verantwortlich, sondern Gott, dem Licht im eigenen Herzen, der geistigen Sonne. Will er dieses Licht vermehren, so muß er in jeder Hinsicht sein Bestes geben. Die ungerechte Handlungsweise eines anderen ist nicht s e i n Problem.Sein Bestes hergeben — darauf kommt es an. Eine solche von Herzen kommende Hingabe an das Leben bringt reichliche Belohnung. Gott hat seine eigenen Wege, denen, die aus reiner Liebe dienen, gerechten Lohn zu gewähren. Jesus drückt diese Wahrheit in folgenden Worten aus: „Wer sein Leben retten will, wird es verlieren, aber wer sein Leben um meinetwillen verliert, dem wird es neu geschenkt."

Liebe zu Gott kann — muß aber nicht — in einem kirchlichen Gottesdienst ihren Ausdruck finden. Ein konventioneller Gottesdienst ist nicht unbedingt notwendig. Je mehr wir um die Vollkommenheit der geistigen Gesetze und ihrer Auswirkung wissen, desto mehr werden wir Inspiration und innere Kraft erhalten, indem wir zusammen mit Gleichgesinnten in einer Gruppe den Quell allen Lebens erkennen und verehren.

Jegliches Dienen, das ganz aus dem Herzen kommt, stellt Anforderungen an uns. Kaum ist ein Problem gelöst, zeigt sich ein neues. Indem wir diese Probleme angehen, lernen wir allmählich, wie wir durch das Nachinnengehen, durch die Verehrung unseres Schöpfers im innersten Herzen Kraft und Weisheit erhalten. Eine solche Gottesverehrung darf nie zur blossen Pflicht werden, sondern sollte ein spontanes Sichöffnen für das geistige Licht sein. Wie sich die Blume dem Sonnenlicht öffnet, so öffnen wir unsere Seele Gott oder Christus und erhalten alles, was wir für Leib, Seele und Geist benötigen.

Der moderne Mensch hält Sonnenanbetung für heidnischen Götzendienst. Wenn wir uns aber ins Gedächtnis rufen, was das Sonnenlicht für das Leben auf unserer Erde bedeutet, wenn wir uns vergegenwärtigen, daß Gottes lebenspendende Kraft von der geistigen Sonne kommt, dann beginnen wir zu verstehen, was Sonnenanbetung wirklich heißt. Gottes Geist ist wie die Wärme der Sonne, lebenserneuernd, heilend und der Erde Schönheit entlockend. In dem Maße, in dem die Sonne in unserem Herzen scheint, strahlen wir Wärme und Güte aus.

Durch das Wissen um den Quell aller Freude überfließt unser Herz vor Dankbarkeit und Verehrung. Wir können gar nicht anders als Gott — unseren Vater und unsere Mutter — zu lieben mit unserem Herzen, unserer Seele und unserer ganzen Kraft.

Zwischenmenschliche Beziehungen

Jesu' zweites Gebot lautet: „Liebe deinen Nächsten

wie dich selbst." In diesem Gebot liegt der Schlüssel zu vielen karmisch bedingten Problemen. Die Bewältigung dieser Probleme erheischt Geduld, Humor, Selbstdisziplin und Vorstellungsgabe, nicht nur in den großen Lebensfragen, sondern auch in der alltäglichen Problematik menschlicher Beziehungen zu Hause und am Arbeitsplatz. Viele machen den Fehler, anzunehmen, das Gesetz von Karma sei nur für dramatische Episoden verantwortlich. Sie können sich nicht vorstellen, daß jeder Gedanke, jedes Wort und jede Tat Glück und Gesundheit in ihrer Zukunft entweder aufbaut oder zerstört. So wird beispielsweise durch gewohnheitsmäßige Kritik und Verurteilung allmählich ein negatives Karma aufgebaut, das später auf den Kritiker zurückschlägt, der dann, sei es im gegenwärtigen oder in einem zukünftigen Leben durch Mangel an Selbstvertrauen an sich selbst verzweifelt; vielleicht bis zum gänzlichen Zusammenbruch. Umgekehrt baut man sich ein starkes, widerstandsfähiges, jedoch sensitives Nervensystem auf, das in sich die Veranlagung glücklicher Kreativität birgt, wenn man echte Anstrengungen unternimmt, anderen Mut, Aufmunterung und Freude zu bringen.

Die Auswirkung des karmischen Gesetzes ist genau und vollkommen. Grob ausgedrückt heißt dies, daß wir eines Tages das gleiche Leid, dieselbe Freude erfahren, die wir anderen gebracht haben, einerlei ob auf der materiellen, emotionalen oder mentalen Ebene. Doch in Wirklichkeit ist es viel viel mehr: es ist ein Erziehungsprozeß, durch den der Mensch allmählich lernt, seinen freien Willen und seine in ihm liegenden schöpferischen Kräfte für göttliche Ziele und Bestrebungen einzusetzen.

Ein paar Beispiele aus der Mannigfaltigkeit zwischenmenschlicher Beziehungen mögen erläutern, was gemeint ist. Jemand, der einer anderen Person eine Körperverletzung zufügt oder sich über eine Behinderung lustig macht, könnte sehr wohl später mit einer Behinderung geboren werden, die ähnlich ist wie jene, die er verursachte oder über die er lachte. Er muß am eigenen Leib, in der eigenen Seele spüren, was er seinerzeit einem anderen antat. Nur indem wir selber spüren, was es heißt, verletzt oder abgelehnt zu werden, beginnen wir uns eine Vorstellung davon zu machen, wie unsere Handlungsweise auf andere wirkt. Auf der positiven Seite kann gesagt werden, wer sich liebevollem Helfen und Dienen verpflichtet, wer das Leben jener, für die er sorgt, so glücklich und lohnend wie möglich gestaltet, baut unweigerlich in seine eigene Zukunft Gesundheit und vermehrte Chancen ein.

Anderseits wiederum kann Gleichgültigkeit gegenüber der Not anderer oder das Nicht-hören-wollen eines Hilferufes oder Nicht-sehen-wollen des Leids des Bruders sich später einmal als eigene Taubheit oder Blindheit äußern. Damit soll nicht gesagt sein, daß a l l e Blindheit oder Taubheit eine solche Ursache haben muß. Jene aber, die taub oder blind sind, mögen es als eine Gelegenheit betrachten, mit Hilfe ihrer übrigen Sinne sich für die Nöte anderer vermehrt einzusetzen. Auch könnte man sagen, je mehr sie für die materiellen Belange blind und taub sind, desto aufgeschlossener und feinfühliger können sie für die geistige Wirklichkeit werden.

Enge menschliche Beziehungen, seien sie glücklich oder unglücklich, sind niemals Zufall, sondern stets die Auswirkung des karmischen Gesetzes. Wir reinkarnieren in Gruppen, zusammen mit jenen, die wir lieben und die wir hassen, ähnlich wie bei Schülern, die nach den Ferien wieder mit ihren Schulkameraden zusammenkommen. Nur — die Gruppe reinkarniert nicht am selben Tag, sondern innerhalb einer gewissen Zeitspanne, damit jene, die in einer bestimmten früheren Beziehung sich etwas zu Schulden kommen ließen, Gelegenheit haben, das Gleichgewicht wieder herzustellen, sei es in einer gleichen oder in einer umgekehrten Beziehung. Eltern beispielsweise, die ihre Kinder vernachlässigt oder mißbraucht haben, oder sie herumkommandierten, werden ganz ähnliches erleben, eine ähnliche Behandlung erleiden, wenn in einem späteren Leben die Beziehung umgekehrt ist.

Allzu nachsichtige Eltern sind oft nicht nur die Ursache für das Unglücklichsein ihres eigenen Kindes, sondern zudem noch die Ursache für die Schwierigkeiten, die es mit Kameraden und später mit Freunden, mit dem Ehepartner, ja sogar mit seinen Kindern hat. Es mag die Eltern befriedigen, alle Wünsche eines geliebten Kindes zu erfüllen, doch es braucht mehr Charakterstärke, sein Kind so zu leiten und zu erziehen, daß es durch weise Selbstdisziplin ein erfülltes und glückliches Leben führen kann. Manch' eine Seele, die heute unter einem selbstsüchtigen Partner leidet, könnte in einem früheren Leben sehr wohl dessen Mutter oder Vater gewesen sein, durch dessen allzu große Nachsicht genau jene Charakterfehler entstanden sind, die jetzt Probleme bereiten. Wenn uns das

Schicksal die Verantwortung überträgt, eine andere Seele erziehen und führen zu dürfen, dann ist dies eine ernste Sache und eine Verpflichtung, die nicht auf die leichte Schulter genommen werden darf.

Jedes Imstichlassen eines hilflosen Geschöpfs wirkt sich aus als karmische Schuld. Um diese Schuld auszugleichen, kann eine Seele unter Umständen sehr einsam sein. Sie sehnt sich danach, für jemanden da zu sein und geht doch ohne enge Familien- oder Freundschaftsbande durchs Leben. Um das Bedürfnis nach mitmenschlichen Kontakten zu stillen, werden zumeist Gelegenheiten geboten, das Konto durch Dienst am Mitmenschen auszugleichen, sei es durch Betreuung von Kranken, als Lehrer oder indem man der Öffentlichkeit in irgendeiner Form dient. Gedankenlosigkeit und Vernachlässigung muß stets gutgemacht und das Gleichgewicht wieder hergestellt werden.

Diese Tatsachen sollen nun jene, die unter Traurigkeit, Einsamkeit oder Invalidität leiden, nicht zu Depressionen veranlassen, denn Gott ist nicht nur gerecht, sondern auch liebevoll und barmherzig. Ebenso wichtig wie das Gesetz von Karma ist das Gesetz der erneuten Chance, das heißt, jede zermürbende, quälende Situation bietet eine erneute Chance, etwas positiv Gutes für die Zukunft zu erschaffen.

Um solche Gelegenheiten nutzen zu können, sollten wir alles daran setzen, unser Selbstmitleid und auch unseren Groll gegen Personen und Lebenssituationen zu überwinden, um mit der ganzen uns zu Gebote stehenden Kraft, mit Humor und Fröhlichkeit den täglichen Anfechtungen zu begegnen.

Jesus hat mit den Worten *"segnet, die euch fluchen*

— liebt, die euch hassen und tut wohl denen, die euch verachten und verfolgen" den einzigen wirklich gangbaren Weg zur Überwindung von Ressentiments und Abwehrmechanismen aufgezeigt. Nur wenn wir diese negativen Gefühle überwinden, können wir die gebotenen neuen Gelegenheiten voll wahrnehmen.

In zwischenmenschlichen Beziehungen müssen zwei wichtige Lektionen erlernt werden: die w e i s e Anwendung von Macht und die w e i s e Kontrolle über die Gefühle. Es braucht die Erfahrung sehr vieler Inkarnationen, bis die Seele den weisen, kreativen Gebrauch dieser beiden Kräfte — Macht und Gefühl — erlernt hat, um sie in feiner gegenseitiger Ausgewogenheit selbstlos einzusetzen, anstatt sie für selbstsüchtige Zwecke zu mißbrauchen. In jeder menschlichen Beziehung gibt es ein gewisses optimales Gleichgewicht der Kräfte, das Macht und Gefühl auf subtile Weise kombiniert. In einem harmonischen Zusammenleben ist man sich dieses Gleichgewichtes bewußt und achtet darauf, es sorgfältig aufrechtzuerhalten.

In gewissen Beziehungen, z.B. zwischen Eltern und Kindern, Lehrern und Schülern, Arbeitgebern und Arbeitnehmern, besteht notwendigerweise ein einseitiges Kräfteverhältnis zwischen den Partnern. In allen diesen Fällen muß jener, der die Macht hat, lernen, diese verantwortungsbewußt, freundlich und weise zu gebrauchen, während der untergeordnete Partner lernen muß, gehorsam, gewissenhaft und loyal zu sein und Respekt und Dankbarkeit zu empfinden für das Training und die Geborgenheit, die ihm geboten werden.

So viel Leid wird durch Gedankenlosigkeit und

Mangel an Einfühlungsvermögen verursacht. Selbst gutmütige Menschen sind gelegentlich hoffnungslos blind gegenüber der Tatsache, daß sie durch Sorglosigkeit oder Nachlässigkeit jenen Kummer bereiten, die in ihrem Machtbereich stehen. Unglücklicherweise wirkt Macht wie Alkohol. Das Gleichgewicht ist gestört und die Seele wird zu Rücksichtslosigkeit und manchmal sogar zu Grausamkeit verführt. Jedes Leid aber, das man anderen zufügt, wird auf einen selbst zurückfallen, sei es in diesem oder in einem zukünftigen Leben. Das Gesetz ist genau und unausweichlich.

Das gleiche Gesetz wirkt natürlich auch im positiven Sinn. Wird Macht weise und feinfühlig ausgeübt, wird die Seele in einem zukünftigen Leben wiederum mit derselben Fähigkeit geboren, die, wenn weise angewendet, zu vermehrter Verantwortung führt. Es ist, als ob solchen Menschen ganz automatisch immer wieder erneute Chancen zufallen würden. Was immer sie tun, gelingt ihnen. Sie scheinen vom Glück begünstigt zu sein. Man sagt, sie "hätten halt Glück". Doch so etwas wie "glückliche Zufälle" gibt es nicht — lediglich kompensierende Gerechtigkeit. Und weil wir im Leben bis in die Ewigkeit Schritt für Schritt vorangehen, ist auch der scheinbare "glückliche Zufall", oder das "Glück haben" ein Prüfstein, ob die Seele auch wirklich fähig sei, ihre Gaben weise zu gebrauchen — vielleicht auf einer anderen Daseinsebene.

Zügellose Emotionen können genauso schlimme Auswirkungen auf menschliches Glück haben wie Machtmißbrauch. Ein Überschwang von Gefühl, irrtümlicherweise Liebe genannt, ist oft nichts anderes als Besitzgier oder selbstsüchtiges Wunschdenken und kann leicht in Haß umschlagen. Unbeherrschte Gefühlsausbrüche sind eine Form von Hemmungslosigkeit, unter denen die Mitmenschen leiden.

In einer Mann-Frau-Beziehung besitzt jeder der beiden Partner eine andere Art von Macht. Während der vergangenen Jahrhunderte sind die Frauen von den Männern unterdrückt worden und haben unter deren größerer körperlichen Kraft sehr gelitten. Aber auch die Frauen ihrerseits können durch den Mißbrauch ihrer magnetischen und emotionalen Macht die Männer plagen und sie zur Verzweiflung treiben. Auch hier wiederum muß das richtige Gleichgewicht gefunden werden. Im neuen Zeitalter werden Frauen und Männer in guter Partnerschaft und in gegenseitigem Respekt gemeinsam wirken, wobei jeder Teil Qualitäten beiträgt, die der andere nicht besitzt.

Freundschaft im idealen Sinn gründet auf gegenseitiger Anziehung, gemeinsamen Interessen wie auch auf einem ausgewogenen Gleichgewicht von Kräften, das eine auf Gegenseitigkeit beruhende Unabhängigkeit garantiert. Eine solche Beziehung sollte den Partnern Freude bringen und beiden volle Freiheit gewähren. Sobald einer der beiden versucht, den anderen auf der Gefühlsebene zu binden oder zu besitzen, ist die Beziehung gestört und läßt auf ein gestörtes Gleichgewicht in der Vergangenheit schließen. Dies aber sollte wieder in Ordnung gebracht werden. Das Unglücklichsein in irgend einer zwischenmenschlichen Beziehung ist stets das Resultat gestörten Gleichgewichts von Macht und Gefühl in früheren Leben der beiden Seelen. Ist jener, der früher Macht mißbrauchte, in der heutigen Inkarnation in eine schwierige, untergeordnete Rolle versetzt, dann wird ihn seine diesbezügliche Erfahrung allmählich zu einem besseren Verständnis der Partnerbeziehung führen.

Die Gefühle eines anderen zuerst zu wecken und dann leichtfertig zu mißachten, sei es in Liebe oder in Freundschaft, ist stets Ursache von unglücklichem Karma. Moralische Begriffe und sexuelles Verhalten mögen in verschiedenen Ländern sehr unterschiedlich sein, doch das geistige Gesetz, dem zwischenmenschliche Beziehungen unterstellt sind, ist dasselbe. Es ist in allen großen Religionen verankert. "Verhalte dich gegenüber anderen wie du wünschest, daß sie in ähnlicher Situation sich dir gegenüber verhalten". Für jede Beziehung irgendwelcher Art sind Einfühlungsvermögen und Fantasiereichtum notwendig, um bestehen zu können.

Es gibt nun allerdings noch ein weiteres Gleichgewicht, das wir beachten müssen. Manchmal sind wir übergewissenhaft in unserem Bemühen, freundlich und liebenswürdig zu sein und anderen zu dienen. Dann versuchen wir mehr herzugeben als unsere Kräfte erlauben. Ein vernünftiger Ausgleich zwischen Arbeit, Ruhe und Erholung ist dringend nötig, wenn wir unsere körperliche und seelische Gesundheit erhalten wollen. Wird dieses Gleichgewicht nicht gehalten, nehmen unsere Kräfte allmählich ab und entweder verlieren wir die Lust am Dienen oder die Fähigkeit, Freude zu empfinden, denn das Gebot sagt, "du sollst deinen Nächsten lieben wie dich selbst" — nicht mehr und nicht weniger! Das karmische Gesetz ist subtil und exakt, denn es basiert auf unseren innersten Motiven in Bezug auf Gedanken und Taten. Alles hängt davon ab, ob diese Motive selbstsüchtig und arrogant oder freundlich und hilfreich sind.

All' dies ist einfach und verständlich, doch im täglichen Leben keineswegs leicht durchführbar. Fünf Regeln gibt es, die — wenn sie eingehalten werden können — uns helfen, das Gleichgewicht in zwischenmenschlichen Beziehungen wiederherzustellen.

1. Vergiß nie die Würde des andern.
In jeder Seele brennt die göttliche Flamme, Teil der Wesenheit des kosmischen Christus. In all unseren Kontakten mit Menschen, sei es mit Kindern oder Erwachsenen, Vorgesetzten oder solchen, die von uns abhängig sind, mit Menschen des eigenen oder eines anderen Volkes, immer sollen wir diese göttliche Flamme erkennen und respektieren, egal wie sehr die äußere Erscheinung die Existenz dieser Flamme Lügen straft. Unser Wissen um das Gesetz von Karma und Reinkarnation verleiht den alten Regeln von Höflichkeit und Ritterlichkeit erneut Bedeutung und ermöglicht glücklichere zwischenmenschliche Beziehungen. Sogar von einem ganz egoistischen Gesichtspunkt aus betrachtet sind diese Regeln nützlich. Da diese Regeln ihren Ursprung im Wissen um die positive Wirkung von Rücksichtnahme und Aufmerksamkeit haben, wird jener, der Rücksicht auf seine Mitmenschen nimmt, ebenfalls Rücksicht erfahren. Echte Höflichkeit bereichert jede Beziehung.

*2. Sei dir der Verantwortung für jede Beziehung, mit der
    dich dein Karma konfrontiert, bewußt.*
Unausweichlich und immer wieder finden wir Situa-

tionen, in denen wir für das Glück und Wohlergehen anderer Menschen verantwortlich sind. Eine jede solche Beziehung hat ihre eigenen Privilegien und Aufgaben, die akzeptiert werden sollten, selbst wenn die andere Person unansprechbar oder undankbar ist.

Wenn eine Beziehung zur Enttäuschung wird, darf man nicht vergessen, daß man vielleicht erntet, was man früher gesät hat. Doch man kann das Gleichgewicht wieder herstellen und schafft sich durch freudiges Erfüllen seiner Verpflichtungen für die Zukunft glückliches Karma. Im Bemühen, jene Menschen glücklich zu machen, kann man das wieder aufbauen, was in einem früheren Leben gedankenlos zerstört worden ist.

3. *Vergib anderen ihre Fehler und Versäumnisse und versuche, menschliche Schwächen zu verstehen.*
Wir alle, die wir an das Rad der Wiedergeburt gekettet sind, brauchen gegenseitiges Mitgefühl und Verständnis. Echtes Vergeben und Verzeihen befreit die Seele von der karmischen Kettenreaktion. Wird einem Mitmenschen ein Unrecht zugefügt, setzt sich ein Pendel in Bewegung. Es bringt Gelegenheit für Rache, zuerst dem einen, dann dem anderen Widersacher. Dieses Spiel wiederholt sich manchmal mit zunehmender Heftigkeit, bis zu guter Letzt einer der beiden dem anderen freiwillig vergibt. Er vergilt Härte mit Milde, Grausamkeit mit Mitgefühl.

Im Leben ist es oft leichter, ein großes, dramatisches Unrecht zu vergeben, als die vielen kleinen täglichen Ärgernisse, die unser eigentliches Karma ausmachen. Es sind die kleinen Dinge im Leben, die uns irritieren. Wir können auf einem Berg sitzen, doch nicht auf einem Reißnagel! Gegenseitige Reibereien können durch Verständnis für menschliche Schwächen bedeutend gemildert werden. So oft scheint jemand schlecht gelaunt und schwierig, aber in Wirklichkeit ist er überfordert oder unglücklich oder in einem schlechten Gesundheitszustand. Niemand kennt die karmische Last, die der andere trägt. Sogar jene, die selbstsüchtig, habgierig und boshaft sind, verdienen unser Mitgefühl, denn sie schaffen sich selber ihr künftiges Elend.

Als Jesus am Kreuz sagte "Vater, vergib ihnen, denn sie wissen nicht, was sie tun", konnte er klar den langen Weg karmischer Verstrickung sehen, den seine Peiniger in ihrer Unwissenheit sich selber bereiteten — und sein Mitleid umhüllte sie. Die Erinnerung an dieses Geschehen grub sich tief in ihre Seelen ein. Wenn sich diese Männer zu einem späteren Zeitpunkt in einer ähnlichen Situation der Ungerechtigkeit ausgeliefert sehen, wird diese Erinnerung denselben Impuls zur Vergebung auslösen. Dann werden sowohl Verfolger wie Verfolgte gesegnet und erlöst sein.

4. Hüte deine Zunge.
Eine lose Zunge verursacht mehr Unglück und schwieriges Karma als irgend etwas anderes. Wie schnell ist das fatale, gescheit witzelnde Wort ausgesprochen, das den Stachel negativer zerstörender Kritik trägt, und Klatsch weitergereicht, der ein Geschehnis verdreht und dramatisiert. Könnten wir das karmische Resultat solcher niederreißenden Worte sehen, wünschten wir, wir hätten uns die Zunge abgebissen, bevor wir sie hät-

ten aussprechen können. Karmisch werden wir zur Verantwortung gezogen für den Schaden, den unsere Worte an anderen angerichtet haben. Wir müssen den Schaden wiedergutmachen, ehe wir für weiteren Fortschritt frei sind.

Auch das geschriebene Wort kann eine immense Macht auf andere ausüben. Schriftsteller tragen eine karmische Verantwortung für die Worte, die sie wählen, für die Szenen und für die Charaktere, die sie auf ihre Leser loslassen.

In dem Buch "The return of Arthur Conan Doyle" sagt Sir Arthur: Eines Tages wird jeder Mensch entweder die Freude oder das Entsetzen beim Anblick dessen, was er erschaffen hat, sei es schön oder häßlich, erleben. Es tut nichts zur Sache, ob es sich um rein fiktive Charaktere handelt, oder ob es tatsächliche Lebensumstände sind, die er verursacht hat und die das Leben anderer einschneidend beeinflußten.

5. Sei humorvoll und fröhlich.
Wie leicht machen wir doch Berge aus Maulwurfshügeln und nehmen kleine Meinungsverschiedenheiten allzu wichtig. Unsere Alltagssorgen und Streitereien sind, an der Ewigkeit gemessen, sehr klein und sehr vergänglich. In Indien glaubt man, daß sich die Menschenseele 840.000mal inkarniere. Das mag richtig oder falsch sein, sicher aber sind viele, viele Lebenserfahrungen nötig, bis der Christusgeist im Inneren über den äußeren, weltlichen Menschen und über den physischen Körper und dessen Umfeld die Meisterschaft errungen hat.

Fröhliches Lachen und ein Sinn für Scherz und

Humor erleichtern die lange Reise für uns und unsere Weggefährten. Die Natur ist voller Frohsinn — das Spiel des Lichtes auf dem Wasser — der Schabernack des Windes — die Ausgelassenheit junger Tiere und kleiner Kinder, auch wenn deren Spiele oft recht gefährlich werden können. Die ganze Schöpfung ist durch Mut und Fröhlichkeit gekennzeichnet.

Fast immer findet man einen humorvollen Aspekt in den karmisch bedingten Situationen, in denen wir uns befinden. Wir erleichtern uns die Last, wenn wir lernen, diesen komischen oder humorvollen Aspekt zu sehen, denn er hilft uns, alles in die richtigen Proportionen zu rücken.

Es braucht nicht betont zu werden, daß jegliche Art von Gespött und Lächerlichmachen einer anderen Person in ein anderes Kapitel gehört und nichts zu tun hat mit jenem Sinn für Fröhlichkeit und Humor, der jede mutige Seele kennzeichnet, die tapfer einer grossen Belastung standhält.

****

V.

DER TOD UND DAS LEBEN DANACH

Wer die Wiedergeburt als Tatsache annehmen kann, sieht den Tod des physischen Körpers in einem ganz anderen Licht. Der Tod ist für ihn nicht mehr etwas endgültiges, unwiderrufliches, sondern ein stets wiederkehrendes Ereignis in einem langen Lebenszyklus.

Seit einigen Jahrzehnten werden interessante Experimente mit Hypnose durchgeführt. Durch Rückführung in die eigene Vergangenheit, sogar zu Ereignissen v o r der Geburt, versuchen Psychologen in das Unterbewußtsein eines Menschen vorzudringen. Das Resultat dieser Experimente läßt wenig Zweifel übrig, daß tief unter dem Tagesbewußtsein Erinnerungen verborgen liegen, die weit in frühere Leben zurückreichen.

In griechischen und römischen Mythen fuhr die Seele des Menschen über den Fluß Styx in die Unterwelt. Auf ihrem Weg wurde sie von Merkur, dem Götterboten, begleitet, der in astrologischer Symbolik das Bewußtsein repräsentiert. Ehe die Seele wieder zurück auf die Erde kommen durfte, mußte sie von Lethe, dem Wasser des Vergessens, trinken.

Wenn, wie aus Experimenten (in neuerer Zeit auch mit Tiefenentspannung, Anm. des Übersetzers) hervorgeht, Erinnerungen an vergangene Leben vom Tagesbewußtsein ferngehalten werden, so vermittelt das Bild der vom "Wasser des Vergessens" trinkenden

Seele einen klaren Hinweis, was tatsächlich geschieht. Die Qualen, die einige der unter dem hypnotischen Experiment stehende Menschen leiden, wenn sie in die Vergangenheit zurückgeführt werden, zeigen, wie weise und gütig die Einrichtung ist, die uns die Rücker- innerung an frühere Leben verwehrt. Das heißt aber nicht, daß wir aus den Lektionen der früheren Leben nichts gelernt hätten. Diese Lektionen verbleiben in unserer Seele in Form von scheinbar instinktiven Ver- haltensweisen in gewissen Situationen, als instinktive Zuneigungen oder Abneigungen, als angeborene Fä- higkeiten. **)

Das unvoreingenommene Studium von Büchern wie z.B. "Das Leben nach dem Tod" von R.A. Moody, "Bericht vom Leben nach dem Tode" von Arthur Ford, "Vom Leben nach dem Leben" von White Eagle sollte den Leser davon überzeugen, daß ein Überleben der Seele nach dem Tod des Körpers eine bewiesene Tatsache ist. Außerdem besteht für die Seele eines Ver- storbenen die Möglichkeit, mit ihren Hinterlassenen in Kontakt zu treten. Die sicherste und beste Methode, um mit jenen, die vorangegangen sind, Kontakt aufzu- nehmen, muß jedoch erarbeitet und verstanden wer- den.

**) Es muß hier angefügt werden, daß Rückführungen unter Hyp- nose oder Tiefenentspannung Verfahren sind, die ausschließlich von qualifizierten Spezialisten mit Weisheit und Unterscheidungs- vermögen durchgeführt werden sollten. In gewissen Fällen kann eine Rückführung therapeutisch wirksam sein, doch sollte sie nie unternommen werden, nur um die Neugierde zu befriedigen. White Eagle lehrt, daß Erinnerungen aus der Vergangenheit zur rechten Zeit von selber auftauchen und daß nichts erzwungen wer- den darf.

Das durch rasanten Fortschritt gekennzeichnete Wassermannzeitalter begann mit wissenschaftlichen Entdeckungen und Erfindungen. In der westlichen Welt entwickelte sich damit eine Tendenz zu intellektuellem Materialismus, einer Schranke, die erst einmal durchbrochen werden muß, als Vorbedingung für die Neuformulierung der Ur-Weisheit, die für das neue Zeitalter wichtig ist. Aus diesem Grunde wurde die Bewegung des modernen Spritualismus unter der Obhut der Weißen Bruderschaft ins Leben gerufen. Die Pioniere dieser Bewegung, unterstützt von der Weißen Bruderschaft, behaupteten sich trotz ernster Opposition und Verfolgung und gaben der Welt die dringend benötigten Beweise vom Weiterleben nach dem Tod.

Jene Phase spiritualistischer Arbeit (hauptsächlich in England und Amerika, Anm. des Übersetzers), die der Welt sichtbare und hörbare Beweise des Lebens nach dem Tod durch Phänomene wie z.B. Materialisationen brachte, scheint vorbei zu sein. Es gibt heute kaum gute Materialisationsmedien und Personen, die Geistwesen photographieren können. Manche der bekannten geistigen Lehrer haben sich von ihrer öffentlichen Tätigkeit zurückgezogen, und viele Leute, die überzeugt sind vom Weiterleben nach dem Tod, fragen sich — was nun?

White Eagle verwahrte sich gleich von Anfang an gegen jegliche übersinnlichen Phänomene von der oben genannten Art. Er lehrt, daß jedes Experimentieren auf diesem Gebiet ohne genaue Kenntnisse der diesbezüglichen Gesetze ebenso gefährlich ist wie das Herumbasteln eines Nicht-Fachmannes an elektrischen Installationen. Wie gesagt — diese Phänomene wurden lediglich eine zeitlang demonstriert, um die Menschheit aus ihrem Materialismus aufzurütteln und sie für okkulte Wahrheiten aufzuwecken. Heute ist die Notwendigkeit für Phänomene dieser Art am Abflauen. Jene, die wach geworden sind, sollten für den nächsten und schwierigeren Schritt bereit sein. Dieser Schritt, den man nicht leichtfertig tun sollte, ist, in sich selbst das Bewußtsein für die inneren oder höheren Welten zu entfalten. Das aber gelingt nur durch Gebet und Selbstdisziplin. Doch hat jeder Mensch die Möglichkeit, den Rahmen seiner Bewußtseinssphäre zu erweitern, um Kontakt aufzunehmen — nicht nur mit jenen, die vor kurzem ihren Körper abgelegt haben — sondern auch mit höheren Wesen, spirituellen Führern und Lehrern, die ihm bei seiner Arbeit und seinem Dienst am Nächsten helfen können.

Die Astralwelt, in welcher der Mensch nach seinem Tod erwacht, kann als innere oder feinstoffliche Welt bezeichnet werden. Diese feinstoffliche Welt ist weder weit entfernt noch hoch über dem Himmelsgewölbe, vielmehr durchdringt sie auf subtile Art die physische Welt, bleibt aber für das menschliche Auge unsichtbar, denn sie schwingt in einer höheren Frequenz. Nach dem Tod befindet sich die Seele in einem anderen Bewußtseinszustand und nicht an einem anderen, geographisch bestimmbaren Ort. Sie kann aber durchaus das Gefühl haben, als sei sie an einem ihr ganz bekannten Ort, den sie auf Erden liebte.

Die Welt, die der irdischen schwingungsmäßig am nächsten ist, erscheint denjenigen, die plötzlich und überraschend sterben, ganz normal und alltäglich. Sehr oft haben sie gar keine Ahnung, daß sie gestorben sind und nur ganz allmählich erfassen sie ihren neuen Daseinszustand. Sie haben einen Leib, der das genaue Gegenstück ihres früheren physischen Leibes ist. Deshalb können sie das Leben so genießen wie zuvor — doch mit subtilen Unterschieden. So z.B. wird ein Gedanke viel rascher verwirklicht. Auf Erden braucht es einige Zeit, um einen Gedanken zu verwirklichen, egal ob es eine Idee ist, deren Durchführung man mit Ausdauer und Zielbewußtsein erstrebt, oder unbewußte Gedanken, die allmählich den Gesichtsausdruck und die Körperhaltung prägen. In den Welten jenseits des Todes ist die Materie weniger dicht und daher durch Gedanken viel rascher beeinflußbar.

Die feinstofflichen Ebenen, die der irdischen am nächsten sind, nennt man die Astralwelt. Von einer dunklen, schäbigen Kopie grober und häßlicher irdischer Umweltbedingungen reichen diese Astralebenen hinan bis zu Gegenden von atemberaubender Schönheit, wo wunderbare Landschaften, herrliche Gebäude, Wohnungen, Schulen, Universitäten und Tempel der Weisheit anzutreffen sind. Diese höheren Astralebenen sind auch unter der Bezeichnung 'Sommerland' bekannt, weil die Umwelt dort stets sommerlich sonnig ist.

Die neuangekommene Seele erwacht in einer Umgebung, die ihre gewohnheitsmäßige Gedankenwelt widerspiegelt. War diese Gedankenwelt streitsüchtig oder verbittert, dann wird die astrale Umwelt ähnlich sein. Wenn anderseits die Seele sich an allem, was freundlich, schön und wahr ist, begeistern konnte, dann erwacht sie in einer Welt, reich an Schönheit und Liebe — einer Verwirklichung ihrer eigenen Gedankenwelt.

Diese Astralebenen, so schön sie auch sein mögen, sind erst der Anfang der Reise. Die Seele kann daselbst kurz oder lang bleiben, sich eines normalen, vertrauten Lebens erfreuen, erfüllt mit interessanten Beschäftigungen und vielfältigen Möglichkeiten, ihre Talente einzusetzen. Doch die Zeit kommt, da die Seele den Wunsch nach einem umfassenderen Verstehen vom Sinn des Lebens verspürt. Sie erblickt ein Licht auf einem entfernten Berg und fühlt sich zu diesem Licht hingezogen. So wird sie durch die höhere Mentalebene geführt und danach auf die himmlischen Ebenen des Daseins, von wo aus sie das gesamte Bild all ihrer vergangenen Leben betrachten kann und wo ihr das ganze große Panorama der Evolution der Seele gezeigt wird.

Nach einer Zeitspanne vollständiger Erholung und Erfrischung in den himmlischen Welten kommt für die Seele der Moment, um sich erneut für eine weitere Lebenserfahrung zu inkarnieren. Naht der Augenblick des Abschieds, kann es wohl zu einem ebenso großen Trennungsschmerz kommen wie beim Sterben nach einer Lebensspanne auf Erden. Immerhin — mit zunehmender Weisheit wird der Unterschied zwischen 'hier' und 'dort' weniger ausgeprägt und der Kontakt zwischen den beiden Welten wird immer enger. White Eagle sagt uns, daß mit dem vermehrten Einfluß des Wassermann-Zeitalters mehr und mehr fortgeschrittene Seelen zur Inkarnation kommen werden. Für diese ist der Schleier zwischen den beiden Welten nahezu durchsichtig.

In Zukunft wird jeder Mensch lernen, seine eigene Brücke zwischen den Welten zu bauen, so daß er

Inspiration, Rat, Trost und Kraft von "drüben" erhält. Einer der fundamentalen Grundsätze der White Eagle Lehre ist, daß wir uns weder auf ein Medium noch irgend eine andere äußere Quelle verlassen sollen, um den Kontakt mit der unsichtbaren Welt aufzunehmen, sondern auf unseren eigenen innewohnenden Geist.

****

VI.

AUF DER SUCHE NACH DEM INNEREN LICHT

Wie wir gesehen haben, sind des Menschen materieller Leib und sein Tagesbewußtsein in keiner Weise das eigentliche und wirkliche Selbst, sondern lediglich dessen äußere Ausdrucksform. Die kapriziösen Impulse und Wünsche, die im Tagesbewußtsein ihren Ursprung haben, sind die am wenigsten verläßlichen Lehrmeister für ein harmonisches Leben. Diese Wünsche und Impulse sind wie ein Magnet, der uns fest an die Erde fesselt. Ohne eine bewußte geistige Anstrengung, die magnetische Anziehungskraft des Irdischen zu überwinden, versinken wir hoffnungslos im Materialismus und verpassen die Gelegenheiten, die uns das Leben für ein geistiges Wachsen bietet. Sinn und Zweck der Inkarnation ist doch, den Geist durch ständiges Ringen mit irdischen Problemen zu schulen, damit er lernt, die dichte, irdische Materie umzuwandeln, auf daß sie leichter und feiner und für das Licht durchlässiger wird.

Wie wir weiterhin gesehen haben, ist der Geist die Flamme des lebendigen Gottes im menschlichen Herzen, und somit ist der Mensch ein "Kind Gottes, geschaffen nach Seinem Ebenbilde".

Geist ist unsichtbar und nicht greifbar. Um in der Materie wirken zu können, muß er eine Form annehmen, er muß sich in Materie kleiden. Mit anderen Worten, er muß sich individualisieren. Das "innerste"

Gewand der Individualität ist die Seele und die äußere Hülle ist der materielle Leib, durch den der Geist die Materie zu meistern lernt. Die beste Analogie hierfür ist vielleicht die Blumenzwiebel. Ihre äußere Hülle läßt sich mit dem physischen Körper vergleichen und die inneren Hüllen mit den mannigfachen feinstofflichen Körpern. Alle miteinander hüllen die Flamme des Geistes die vollkommene Blume im Embryonalzustand, die im Zentrum eingeschlossen ist, ein.

Mit Hilfe unserer fünf Sinne lernt unser Geist die Materie in ihrer groben und erstarrten Gestalt zu verstehen und sich ihrer zu bedienen. Das größte Problem des inkarnierten Menschen ist, wie er dem Sog der Erde und ihren materiellen Einflüssen entgegenwirken kann, denn das Irdische kann ihn der wahren Wesenheit seines Ichs entfremden und ihn glauben machen, daß das materielle Sinnesleben alles sei. Dies wiederum verleitet zu der Lebenseinstellung "iss, trink und sei fröhlich — denn morgen bist du tot." Diese Lebenshaltung verursacht viel unglückliches Karma, nicht, weil die Sinnesfreuden falsch wären, weit entfernt, sondern weil solche Wünsche und Impulse, denen man blindlings freien Lauf läßt, uns und anderen Leid bringen. Das daraus entstehende Karma muß letztendlich ausgeglichen werden.

Wie nun können wir dieses Problem lösen?

Man sagt, daß Gott den Menschen nie ohne einen Zeugen, nie ohne ein inneres Wissen um die Wahrheit läßt. Das ist sowohl in einem individuellen wie auch in einem universellen Sinn zu verstehen. Kein Kind kommt zur Welt ohne die innere Flamme — jenen Christusfunken, dem man auch den Anspruch auf

Unsterblichkeit zuschreibt, doch ist sich der Mensch dieses Anspruchs kaum bewußt. Egal wie gedemütigt ein Mensch ist, egal bis zu welchen degradierenden Umständen sein Karma ihn gebracht hat, tief in seinem Herzen leuchtet dennoch ein Licht, das zur edelsten Tat anregt, zu der diese Seele fähig ist. Eine solche Regung ist zutiefst persönlich. Niemand hat ein Recht, sich in die Handlungsweise eines Mitmenschen einzumischen, der dieser subtilen Regung folgt. Nur der innewohnende Geist kennt den Pfad, den die Seele betreten muß, wenn sie die notwendige Erfahrung machen will, um karmische Schuld zu begleichen.

Es ist für Außenstehende nur allzu leicht, Ratschläge zu geben. Solche Ratschläge können eine Seele von ihrem wahren Weg ablenken und neue Schwierigkeiten schaffen. Jeder Mensch muß sein eigenes Schicksal verarbeiten. Weder Priester noch Beichte können ihn "erlösen", sondern nur die Stimme des innewohnenden Christus. Der größte Dienst, den man einem Mitmenschen erweisen kann, ist, ihn zu ermutigen, das innere Licht zu finden und diesem zu folgen. Das beste, das Eltern und Lehrer den Kindern und Jugendlichen vermitteln können, ist, ihnen zu helfen, dieses Licht zu finden und danach zu leben.

Unter dem Druck des modernen Lebens ist es alles andere als leicht, die notwendige Zeit zu finden, um die eigenen innersten Gefühle zu erforschen, geschweige denn, der Stimme des Gewissens zu lauschen. Die widersprüchlichen Ansichten moderner psychologischer Erkenntnisse, orthodox-religiösen Glaubens und einer sich rasch entwickelnden Wissenschaft versetzen den Durchschnittsbürger in einen Irrgarten von Unsicherheiten, so daß er überhaupt nicht mehr weiß, was er nun eigentlich tun und glauben soll.

Um in diesem Irrgarten von Wissen und Argumentation das innere Licht zu finden, braucht es ein gewisses Maß an täglicher Disziplin, die nur wenige bereit sind sich aufzuerlegen. Es würde heißen, Zeit zu opfern für ruhige Meditation und Kontemplation. Es würde heißen, sich vom täglichen Tumult zurückzuziehen, den Tempel des eigenen innersten Wesens aufzusuchen, um durch eine Willensanstrengung die Gedanken und Wünsche der äußeren Welt zur Ruhe zu bringen. Am einfachsten wäre dies wohl in einer Kirche oder in einem Sanktuarium oder an einem stillen Ort abseits menschlicher Konflikte. Natürlich ist es nicht immer möglich, einen solchen Ort aufzusuchen, es sei denn, man findet ihn in der Vorstellung. Dennoch sollte täglich eine Anstrengung unternommen werden, allein zu sein und still zu werden.

Dabei ist es wichtig, durch bewußtes Entspannen alle Probleme und Sorgen loszulassen und willentlich die Gedanken auf etwas zu lenken, das für den Meditierenden Schönheit und Frieden bedeutet.

Setze deine gesamte kreative Vorstellungskraft ein, um jenen Ort oder Gegenstand vor deinem inneren Auge bildlich zu sehen.

Nehmen wir an, du habest als Meditationsbild einen einsamen Meeresstrand gewählt, dann erschaffe und erspüre zuerst die Atmosphäre, das Licht und die Bewegung des Wassers, die Kraft der Gezeiten und den Frieden des weit entfernten Horizontes. Vernimm den Ruf der Möwen und das Geräusch der brechenden Wellen am Strand. Rieche den würzigen Geruch des

Tangs und erblicke die unendliche Vielfalt der Farben und Formen von nassen Kieselsteinen und Muscheln. Sei kreativ! Male die Szene aus wie ein Maler es tut. Kreiere alles klar und deutlich in deiner Vorstellung. Dann halte dieses Bild fest und atme die Kraft und den Frieden in dich ein, die Kraft und den Frieden, die gleichzeitig auch die Quelle deines Wesens, die Quelle aller Schönheit ist.

Andere finden es leichter, sich ein Bergpanorama oder eine Waldlichtung, ein sprudelndes Bächlein oder einen sonnendurchfluteten Garten vorzustellen. Wieder andere erwählen sich eine Kirche, einen Tempel oder vielleicht auch eine vollkommene Blume, sei es eine Rose oder eine Lilie oder eine Lotusblüte. Erarbeite dir jenes Bild, das dir ganz persönlich den größten Gewinn an Freude und Heilkraft bringt und entnimm ihm den Frieden und die Kraft, die du benötigst.

Warum kann diese Übung kreativer Vorstellung eine Hilfe sein, um mit den Problemen des Lebens fertig zu werden? Weil sie dem höheren Selbst die Möglichkeit gibt, vom Gefängnis des Körpers und des niederen Verstandes loszukommen. Doch noch mehr: Wenn die Seele allzusehr in den Problemen des materiellen Lebens verstrickt ist, ist sie von der Quelle der Kraft und der göttlichen Führung abgeschnitten. Zieht sie sich bewußt in regelmäßigen Abständen von ihren Konflikten zurück, dann erneuert und verstärkt sie die Verbindung durch einen Lichtstrahl mit ihrem höheren Selbst, dem Geist. Einfach dasitzen ohne Kontrolle und Richtungsweisung der Gedanken, nur im orthodoxen Sinne betend, endet allzuoft im unsteten, gedanklichen oder gefühlsbetonten ewigen Umherwälzen der unbewältigten Probleme. Wenn wir jedoch willentlich und mit Konzentration unsere Gedanken auf eine höhere Ebene lenken, dann bauen wir an der Brücke zu den inneren Welten, über welche Engel des Lichtes zu uns gelangen können, um uns in ihre Obhut zu nehmen.

Es gibt Lehrer, die den Rat geben, den Kopf von allen Gedanken leer zu fegen, doch White Eagle empfiehlt diese Methode nicht. Sie ist zu negativ und öffnet das Bewußtsein jenen übersinnlichen und elementaren Kräften, die schädlich sein können.

Noch so vieles muß über das menschliche Bewußtsein im Zusammenhang mit den inneren und höheren Welten erlernt werden. Für den Anfänger im Meditieren ist der einzig sichere Weg, sich zuerst in der Vorstellung ein wunderschönes, positives Bild zu erschaffen, das ihn nach 'innen' und nach 'oben' führt und ihn 'schützt', bis er von seinem eigenen Licht Führung erhalten kann.

Diese Führung kommt mit Bestimmtheit! Natürlich benötigt ein guter Kontakt zu den höheren Welten sowohl Zeit als auch Geduld und Selbstdisziplin. Doch wer genügend Durchhaltekraft besitzt, um in seinem Inneren einen Ort der Stille und der Schönheit aufzubauen, der wird erfahren, daß sein Lebensweg klar vor ihm liegt und es wird ihm bewußt, was er zu tun hat. Er wird es von innen her wissen. Wer diese Gewißheit bekommen hat, der möge sein Ziel verfolgen, koste es was es wolle. Das eigene Licht wird unbeirrbar die Führung übernehmen und Glück und Erfüllung bringen. Bist du im Zweifel oder gar verwirrt, weil du von allen Seiten mit Ratschlägen überschüttet wirst, dann tue nichts, bis du aus deinem eigenen innersten Herzen Führung von deinem Christusstern erhältst. Er wird dich nie im Stich lassen.

Ein anderes, sehr praktisches Hilfsmittel, die Lichtbrücke zwischen dem höheren Selbst und dem begrenzten Bewußtsein des täglichen Lebens zu stärken, ist das vollbewußte Tiefatmen. Sogar von einem ganz materiellen Standpunkt aus betrachtet ist das Tiefatmen sehr wertvoll, denn es reinigt das Blut und vitalisiert es durch Aufnahme von Sauerstoff in den Myriaden feiner Kapillaren der Lunge. Doch mehr noch: Der Atem und die Luft sind eng mit dem Denkprozeß verknüpft und ruhiges Tiefatmen kann der erste Schritt sein, dem aufgewühlten Gemüt Frieden zu bringen. Auch können wir durch mentale und spirituelle Verbindung mit dem Höheren das Einströmen göttlicher Lebenskräfte, im Osten Prana genannt, vermehren. Hier liegt eine enorme verborgene Kraftreserve, die jedem zugänglich ist, der sich die Mühe nimmt, sie zu finden und anzuwenden.

Zuerst müssen wir uns einmal klar werden, was mit Tiefatmung gemeint ist. Schüler des Hatha-Yoga und jene, die Gesang studieren, kennen die Technik des Yoga- oder Zwerchfellatmens. Für jene, welche diese Technik nicht kennen, wollen wir sie so klar wie möglich schildern.

Stehe oder sitze mit senkrechtem Rücken und locker ausbalancierten Gliedern, oder, so du dies vorziehst, lege dich flach und entspannt auf den Boden, am besten in der Nähe eines offenen Fensters oder im Freien. (Auf all dies braucht man natürlich nicht zu achten, wenn in einem Moment nervlicher Belastung durch tiefes Durchatmen eine *sofortige* Beruhigung erzielt werden soll.)

Nun atme aus — aus — aus, bis die Lunge vollständig leer ist, und sogar dann versuche noch ein wenig mehr auszuatmen. Das veranlaßt dich, die Bauchmuskulatur einzuziehen, um das letzte bißchen Luft auszustoßen. Dann halte ein bis zwei Sekunden an, entspanne dich bewußt und laß die Bauchmuskeln los, so daß die einströmende Luft den Bauch ganz herausdrückt, bis der untere Teil der Lunge gefüllt ist. Daraufhin ziehe den Bauch ganz wenig ein und spüre, wie die Luft den mittleren Teil der Lunge füllt, indem zugleich der Brustkorb sich voll ausdehnt. Dies soll leicht und ohne Anstrengung geschehen. Zum Schluß fühle, wie sich der oberste Teil der Lunge mit Luft füllt. Hierdurch werden die Schultern leicht angehoben, doch bleibe entspannt und fülle die Lunge nicht bis sie fast platzt. Es ist genügend Luft für den nächsten Atemzug vorhanden! Nun halte den Atem an, anfänglich nicht mehr als drei Sekunden lang. Wer in dieser Atemtechnik fortgeschritten ist, kann dieses Anhalten des Atems verlängern. Dann atme langsam wieder aus — und aus — und aus — wie zuvor.

Diese Atemtechnik scheint sehr einfach — so einfach, daß es kaum der Mühe wert ist, sie zu erlernen. Doch sie kann für die körperliche und seelische Erneuerung ausschlaggebend werden. Übst du das Tiefatmen zum erstenmal, dann versuche es mit rhythmischem Zählen für das Einatmen und das Ausatmen, mit zwei bis drei Sekunden Pause dazwischen. Der eigene Pulsschlag wird dir zum Zählen einen guten persönlichen Rhythmus geben. Sei sehr vorsichtig und übertreibe nichts. Finde jenen Atemrhythmus, den du gut einhalten und entspannt durchführen kannst. Übe mindestens einen Monat, bevor du die Atmung verlangsamst.

Achte darauf, daß der Atem mit dem Zählen nicht stoßweise erfolgt, sondern ganz ruhig und fließend verläuft. Mache in der ersten Woche nicht mehr als vier Atemzüge auf einmal, damit es dir nicht schwindlig wird. Übe dies dreimal täglich, wenn es geht. Ist dies nicht möglich, dann mindestens beim Aufwachen und vor dem Einschlafen. Sobald du mehr Übung hast, wirst du finden, daß du leicht auf zehn zählen kannst für das Ausatmen und zehn für das Einatmen, mit fünf Sekunden dazwischen. Doch erzwinge nichts, tue alles leicht und ruhig. Das beste Resultat wird durch beharrliche Ausdauer erreicht.

In ihrem Buch 'Forever young — forever healthy' empfiehlt die Autorin Indra Devi sechzig tiefe Atemzüge täglich, die entweder in viermal fünfzehn oder in dreimal zwanzig Atemzügen getan werden können, um das Blut mit genügend Sauerstoff und Vitalität anzureichern. Dies ist ein anzustrebendes Ziel, aber auch ein Ideal, das nur mit ausdauerndem Üben erreicht werden kann. Es muß betont werden, daß dieses Atmen als Übung zu betrachten ist. Man soll nicht versuchen, dauernd auf diese Weise zu atmen, doch wird das Üben das normale Atmen vertiefen und die allgemeine Gesundheit verbessern.

Wenn wir die Technik der Tiefatmung genügend beherrschen, können wir beginnen, sie mit bewußtem Denken zu kombinieren.

Versuche gedanklich still zu werden und verlangsame dein normales Atmen ein ganz klein wenig. Dann denke an Gott, an das herrliche Licht, das versucht, deinen begrenzten Verstand zu durchdringen. Versuche, den Gedanken an dieses Licht als einen hell leuchtenden Stern festzuhalten, bis er vor deinem inneren Auge zur dauernden Wirklichkeit wird.

Jetzt beginne deine Tiefatmung, indem du ausatmest — aus — aus — aus. Dabei laß alle sorgenvollen Gedanken, alle Furcht, alle aufregenden Gefühle, alle Unruhe, alle Verbitterung, jeden Groll und jegliche innere Auflehnung los. Atme all dies aus!! Nun halte den Atem kurz an, dann öffne dein ganzes Wesen dem leuchtenden Stern und beginne das Einatmen. Dabei flutet das Licht von oben in deinen Kopf und in dein Herz hinein. Das Herz fängt an zu leuchten und strahlt das Licht aus wie eine kleine Sonne. Das Blut, auf der physischen Ebene mit Sauerstoff angereichert, wird gleichzeitig auf magische Weise mit den vitalen Kräften der geistigen Sonne aufgeladen. Es fließt durch den gesamten Organismus und bringt neues Leben und Gesundheit in jeden Teil des Körpers. Sieh' in deiner Vorstellung, wie das Licht durch den Blutkreislauf in jeden Teil deines Körpers getragen wird und denke oder spreche mit der ganzen Kraft deines Herzens die Worte *'Ich bin die Auferstehung und das Leben'* und *'Siehe — Ich mache alles neu'*. Stelle dir bildlich vor, wie Gottes Lebenskraft jede erkrankte oder schmerzende Stelle lindert, heilt und erneuert, während du für ein bis zwei Sekunden den Atem anhältst. Sieh' wie all dies geschieht! Dann atme wieder aus.

Diese Kombination von regelmäßigem gut beherrschtem Denken und Atmen, wenn immer wieder geübt, kann Wunder wirken! Es ist eine Methode, um die enorm große Kraft des Unbewußten zu mobilisieren. Sie kann einen kranken Leib erneuern, ein sorgenvolles Gemüt entlasten, kann Spannungen, Schmerzen und Krämpfe lösen und wird allmählich schlechte Gewohnheiten, ja sogar Süchte, überwinden. Das Unbewußte ist viel mächtiger und aufnahmefähiger als die meisten Menschen annehmen. Wie ein Schwamm saugt es alle Eindrücke auf, die von der Außenwelt in das Gemüt einströmen, sei es von der Tagespresse oder durch den Kontakt mit anderen Menschen. Diese Eindrücke verbinden sich mit den vielen verborgenen Gedanken, den gefühlsmäßigen Reaktionen und karmischen Erinnerungen aus vergangenen Leben und üben über das Nervensystem eine außerordentlich starke Wirkung auf den physischen Leib aus.

Sokrates sagte, die Selbstkontrolle sei eine exakte Wissenschaft. Es ist aber keineswegs eine Disziplin, mit welcher die bewußt eingesezte Willenskraft das Ego wie einen widerwilligen Sklaven in eine ihm nicht zusagende Tätigkeit treibt. Es ist vielmehr das Wissen, wie man gute, positive Suggestionen ins Unterbewußtsein schickt, damit dieses die Arbeit übernimmt. Das verlangt ein ständiges sich Bemühen und eine gewisse Ausdauer. Zudem erfordert es ein Verständnis für unsere eigenen Reaktionen und Bedürfnisse. Doch ist es ein milder, positiver Versuch, sowie man beispielsweise den Versuch unternimmt, die Energie und die Aufmerksamkeit eines eigensinnigen, störrischen Kindes in Bahnen glücklicher, kreativer Tätigkeit zu lenken.

Wenn das Üben des Tiefatmens zur Gewohnheit geworden ist, dann wirst du es in jeder Stress-Situation automatisch anwenden und Kraft daraus schöpfen. Inmitten der Prüfungen des täglichen Lebens kannst du dann innehalten, deine Gedanken zur Ruhe bringen und für ein paar Sekunden deine Aufmerksamkeit dem leuchtenden Stern über dir zuwenden. Gleichzeitig wirst du deine Ängste und Befürchtungen ausatmen und das Licht Gottes einatmen. Dann kann das leuchtende Wesen an deiner Seite einen Lichtstrahl auf dein Problem werfen, und wenn du dich das nächste Mal damit beschäftigst, wirst du finden, daß dein Problem gelöst ist. Das funktioniert, was immer das Problem, sei es materieller, gedanklicher oder emotioneller Art. Die Probleme, die uns alle bedrängen, brauchen uns nicht niederzudrücken, sie können uns vielmehr lehren, über ihnen zu stehen und den Odem Gottes einzuatmen, der neuen Mut, neue Kraft und einen tiefen Frieden bringt.

Wird das innere Licht heller und mächtiger, dann dämmert die Erkenntnis, daß der Körper der Tempel des Geistes ist, und daß wir ohne einen starken, gesunden Leib nicht fähig sind, all die Schönheiten des Lebens auf der Erde zu genießen. Auch sind wir dann kaum in der Lage, unsere eigenen Fähigkeiten im Dienst für andere entsprechend einzusetzen. So gehört zur Disziplin des geistigen Pfades das Erlernen harmonisch zu leben, sich vernünftig zu ernähren und sich genügend Zeit zu gönnen für Entspannung, für Betätigung in frischer Luft und für ausreichenden Schlaf.

Die meisten geistigen Lehrer empfehlen vegetarische Kost. Sie fördert körperliche Gesundheit und dient der Entwicklung eines erweiterten Bewußtseins für die inneren Welten der Schönheit, die man in der

Meditation finden kann. White Eagle, obwohl er nicht verlangt, daß seine Anhänger sogleich Vegetarier werden, bezeichnet die vegetarische Lebensweise als erstrebenswertes Ideal. Er sagt uns, daß wir durch das Beschränken unserer Diät auf Früchte, Gemüse, Getreide, Nüsse und Milchprodukte einen reineren und sensitiveren Körper erlangen. Dieser wird dann ein besseres Werkzeug für den Geist, für das höhere Selbst.

Ganz abgesehen von der Grausamkeit, die das Töten der Tiere mitsichbringt, nehmen wir mit dem Fleischgenuß deren Gefühle und Instinkte, speziell deren Wut und Todesangst in unsere subtileren Körper auf. All dies verstärkt die animalischen Instinkte in unserer eigenen Natur und erschwert es dem höheren Selbst, Meister zu sein über das niedere Selbst.

Natürlich gibt es Länder auf der Erde, in denen zu gewissen Jahreszeiten Fleisch und Fisch die einzige erhältliche Nahrung sind. Es gibt auch Menschen, die sich zum geistigen Pfad hingezogen fühlen, aber in Familiensituationen leben, in denen eine vegetarische Kost unmöglich ist. White Eagle's Lehre ist solchen Schwierigkeiten gegenüber sehr tolerant und möchte, daß Probleme mit den Mitmenschen vermieden werden, die dadurch entstehen könnten, daß wir allzu streng oder gar fanatisch in unserer Haltung werden, oder indem wir unseren Körper zu einer vegetarischen Diät zwingen. Wie Jesus lehrt auch White Eagle, daß alles, was an freundlichen Worten aus unserem Munde kommt, wichtiger sei als das, was in den Mund hineingeht. Trotzdem aber empfiehlt er eine einfache vegetarische Kost als Idealnahrung, bestehend aus frischen Früchten, Gemüsen und Vollkorn-Getreide, so frei von Chemikalien wie möglich.

VII.

LICHTBRÜCKE INS JENSEITS

In dem Buch 'Pilgrim's Progress' werden Christine, als sie durch die kleine Pforte das Haus des Interpreten betritt, Bilder gezeigt, die ihr auf ihrem Lebensweg weiterhelfen sollen. Eines dieser Bilder zeigt den Mann mit der Mistgabel. Seine Augen sind auf den Boden geheftet. Er stöbert im Mist herum. Neben ihm steht ein strahlender Engel, der mit liebender Sorgfalt über ihn wacht. Doch der Mann mit seinem ganz auf den Boden gerichteten Blick ist sich der Hilfe, die er bekommen könnte, nicht bewußt.

Eine tiefe Wahrheit liegt in diesem Bild. Jede Seele auf Erden hat einen Freund und Lehrer in der geistigen Welt, dessen Aufgabe es ist, seinem Schutzbefohlenen Führung, Trost und Kraft zu geben. Doch sind die meisten Menschen von ihren weltlichen Geschäften und Problemen derart in Anspruch genommen, daß sie solchen Helfern gegenüber blind und taub sind.

Dein spiritueller Lehrer und Führer kennt dich seit vielen Inkarnationen und ein starkes Band der Liebe besteht zwischen euch. Indem du lernst, die Schönheit in deinem eigenen verborgenen Innersten zu suchen und zu finden, wirst du wach und empfänglich für die Hilfe, die dir dein Lehrer geben kann.

Anfänglich ist die Weisheit des geistigen Lehrers kaum von der Stimme des Gewissens zu unterscheiden, denn es ist ja das eigene höhere Selbst oder das innere Licht, das den Kontakt mit dem Lehrer herstellt. Doch nach geraumer Zeit wirst du lernen, die Gegenwart eines unsichtbaren Helfers zu spüren und um seine Freundschaft zu wissen, und du wirst erfahren, was dir Mut und Trost in Zeiten der Sorgen und Schwierigkeiten, aber auch vermehrte Freude in guten Zeiten bringt.

Es ist gar nicht immer leicht, den inneren Frieden zu finden, denn wir verstricken uns andauernd nicht nur in die eigenen Emotionen und Gedanken, sondern auch in jene unserer engsten Freunde und Angehörigen, ja sogar der gesamten Menschheit. Das gilt insbesonders für jene, die in Städten wohnen oder in enger Gemeinschaft leben. Die Lärmkulisse der Gedankenebene ist ständig da, und es benötigt eine starke Willensanstrengung, diese Kulisse zu durchbrechen, um zum Licht, in die Stille, zu gelangen.

Gemeinsames Beten oder meditieren kann uns helfen, die Barriere der Gedankenformen, welche die Erde unmittelbar umgeben, zu überwinden.

Der Meister sagte: 'Wo zwei oder drei in meinem Namen versammelt sind, da bin ich mitten unter ihnen'. Es ist tatsächlich so, daß eine gemeinsame Andacht oder Meditation eine starke, inspirierende Gedankenform erschafft, die wie ein Lichtstrahl durch die Turbulenz der niederen Astral- und Mentalwelt dringt. Wie die Jakobsleiter führt dieser Lichtstrahl in die höhere Welt empor. Erleuchtete Wesen, Engel und Meister der Gnade steigen auf den Sprossen dieser Leiter herab, ja sogar auch unsere eigenen Freunde, die die Erde verlassen haben. Wenn wir ernsthaft in einer gemeinsamen Andacht nach dem Höheren streben, erschaffen wir diese "Lichtleiter" nicht nur für uns selbst, sondern wir helfen auch anderen, ihre Lichtleiter zu bauen. Meditieren in einer harmonischen Gruppe verleiht vermehrte Kraft, denn die Gesamtkraft der Gruppe ist größer als die Summe der Einzelkräfte.

Ganz wichtig ist die Erkenntnis, daß der Schlüssel zum Tor der inneren Welt auf u n s e r e r Seite des Schlosses steckt. Ohne daß w i r den Schlüssel drehen und das Tor aufschließen, können jene, die uns helfen wollen, nicht durch das Tor gelangen.

White Eagle hat seinen Freunden während seiner mehr als fünfzigjährigen Tätigkeit immer wieder gesagt, der einzige Weg, den Himmel auf Erden zu finden, sei das unaufhörliche Aussenden positiver, hilfreicher Gedanken und das liebende Dienen im Rahmen der eigenen Möglichkeiten. Er lehrt, wie sehr regelmäßiges Meditieren die göttliche Flamme, die in jeder Seele brennt, stärker und heller leuchten läßt, und wie durch den Einsatz seelischer Kräfte diese Flamme als heilendes Licht projiziert werden kann, um anderen zu helfen. Seine Lehren enthalten den wahren Geist des Wassermann-Zeitalters. Er empfiehlt uns, in Gruppen zusammen zu arbeiten, unsere inneren Kräfte zu einer einzigen Flamme zu vereinigen und mit der uns innewohnenden kreativen Vorstellungskraft aus diesem heilenden Licht einen sechsstrahligen Stern zu formen, der über die ganze Erde leuchtet.

Diese Meditationstechnik des Heilens sollte nicht zu selbstsüchtigen Zwecken verwendet werden, um mystische Erfahrungen zu sammeln. Es ist eine Hingabe des ganzen Wesens im Dienst an Gott und die Menschheit, eine bewußte Hingabe an das Ausstrahlen des Christuslichtes, um den Menschen Frieden, Trost, Heilung und geistige Erleuchtung zu bringen. Durch diese Zusammenarbeit entsteht ein geistiges Band, das Heiler mit Heiler verbindet und sowohl jene, die noch im Körper weilen als auch jene, die bereits in der Welt des Lichtes leben, in einem mystischen Bund mit Christus vereint. Es ist eine Arbeitsgemeinschaft, die Tag um Tag, Jahr um Jahr eine mit Worten nicht zu beschreibende mystische Erfahrung bringt.

Jedesmal, wenn eine solche Gruppe zusammenkommt um Licht auszusenden, wird an jenem Ort eine geistige Kraft aufgebaut, die noch lange vorhält, nachdem die Teilnehmer zu ihren alltäglichen Aufgaben zurückgekehrt sind. Ständiges geistiges Arbeiten erschafft allmählich in der ätherischen Ebene, über und um den Ort des Wirkens, einen wunderschönen Tempel, einen Lichtquell und Brennpunkt für die Heilengel, die dort gerne zusammenkommen und verweilen, um alle zu segnen, die den irdischen Andachtsraum betreten. Eine auf diese Weise aufgebaute geistige Kraft geht nie verloren. Sie durchdringt selbst die Erdkrume und bleibt erhalten, um zukünftige Generationen mit einer kaum zu beschreibenden Strahlung zu segnen und verzagten Seelen Balsam zu bringen.

Durch das Gesetz der Entsprechungen ist unser Erdenleben eng verknüpft mit den Bewegungen von Sonne und Planeten. Zu gewissen Jahreszeiten, wenn die Sonne an bestimmten Stellen des Tierkreises steht, erfolgt ein speziell starkes Ausgießen des geistigen Lichtes. Zu diesen bestimmten Zeiten abgehaltene Gottesdienste bringen den Teilnehmern einen besonderen Segen. Die christlichen Kirchen feiern mehrere ihrer Feste an solchen mit geistiger Kraft geladenen Tagen. Sie machten sich die alten Rituale mithraischer Sonnenanbetung zunutze, die bereits Jahrtausende vor der Geburt Jesu zelebriert wurden.

In jenen alten Zeiten wurden vier große Sonnenfeste gefeiert. Sie stimmten mit der Sonnenwende zu Weihnachten und im Sommer und mit der Tag- und Nachtgleiche zu Ostern und Michaeli überein. Wissenschaftliche Forschungen haben bestätigt, daß Sonnentempel, wie beispielsweise Stonehenge, so ausgerichtet waren, daß sie den Stellungen von Sonne und Sternen zu gewissen Jahreszeiten entsprachen.

Heute sind Weihnachten und Ostern die beiden Feste, die in der westlichen Welt noch gefeiert werden, doch eigentlich mehr kommerziell als religiös.

Zu Weihnachten, zur Wintersonnenwende, wird die Wiedergeburt der Sonne gefeiert, zur Zeit, da die Sonne ihren tiefsten Stand überschritten hat. Ostern, das uralte Fest des Frühlingsequinox, das dem jüdischen Passahfest entspricht, ist die Zeit, da die Menschen der nördlichen Hemisphäre sich freuen, daß das Leben in der Natur neu erblüht.

Diese Ereignisse auf der Erde haben ihre geistigen Entsprechungen, und mit dem Hellerwerden des Lichtes und dem Erwachen des Verständnisses für geistige Dinge im neuen Zeitalter, werden die Menschen aufnahmefähiger für die geistige Kraft, die zu diesen speziellen Jahreszeiten ausgegossen wird.

Trauernde können, so sie sich dafür öffnen, spezielle Hilfe erhalten, wenn die Sonne durch das Zeichen Skorpion wandert. Zu dieser Zeit feiern die orthodoxen Kirchen Allerseelen und Allerheiligen. Das

Tierkreiszeichen Skorpion hängt mit dem Tod und mit dem Leben danach zusammen. Während die Sonne dieses Zeichen durchläuft, sind die jenseitigen Kräfte derart stark, daß der Schleier zwischen Himmel und Erde gelockert wird und die Wesen im Lande des Lichts können besonders nahe an uns herankommen. Es ist, als wäre der Gedankennebel, der die Erde umgibt, lichter geworden, als wäre er durch die Kraft der geistigen Sonne entdichtet. Während eines Gedenk-Gottesdienstes mit seiner Atmosphäre der Liebe und Hingabe wird eine besonders starke Brücke gebaut, die den Kontakt zwischen den Irdischen und ihren Lieben in der geistigen Welt möglich macht.

Das Abendmahl oder die heilige Kommunion in den Kirchen basiert auf alten mithraischen Zeremonien ähnlicher Art. Im neuen Zeitalter, wenn die Bedeutung von Brot und Wein besser verstanden wird, werden diese äußeren Symbole nicht mehr notwendig sein, denn das wahre Abendmahl spielt sich im Herzen ab. Wenn der Mensch lernt, sein ureigenes inneres Licht zu ergründen, jenes Licht, das Teil des Christusgeistes ist, — sein Christusstern — dann wird er mystisch erfahren, daß sein eigenes kleines Licht EINS ist mit dem Ganzen — ein winziges Flämmchen inmitten der unvorstellbaren Herrlichkeit der geistigen Sonne. Von dieser geistigen Sonne bezieht er Kraft und geistige Nahrung.

Ist das Geheimnis dieser inneren mystischen Verbindung einmal entdeckt, dann ändert sich das ganze Leben. Derjenige, der die Quelle des Lichts, den heiligen Gral, gefunden hat, strahlt dieses Licht aus und spontan fließt heilende Kraft zu seinen Mitmenschen, je nach deren Bedarf. Vielleicht finden die Leute, er sei nicht gerade fromm oder tugendhaft im gebräuchlichen Sinn des Wortes, dennoch werden sie von seiner Wärme und von seinem Licht berührt und in ihrem Daseinskampf gestärkt und ermutigt.

****

DIE ERBSÜNDE

Das alte kirchliche Dogma, der Mensch sei in Sünde
geboren und könne nur durch das Blut Christi erlöst
werden, ist eine verzerrte Version der Wahrheit, die be-
sagt, daß jede Seele, die sich re-inkarniert, mit gewissen
karmischen Verschuldungen belastet ist, die sie während des Erdenlebens wieder gutmachen kann. Außerdem kommt sie mit gewissen Charaktereigenschaften
zur Welt, die entwickelt oder transmutiert werden sollen, damit sie sich positiv und nicht negativ auswirken.
Karma kann lediglich durch irdische Erfahrungen vollständig getilgt werden. Die Geduld und der Mut, die es
hierfür braucht, entspringen dem Christus im eigenen
Herzen — dem inneren Licht, das die wahre 'erlösende
Gnade' ist.

Während des Fische-Zeitalters haben religiöser
Fanatismus und blinder Eifer unendliches Leid verursacht. So hat auch das Dogma der Erbsünde eine tiefe
Narbe in vielen Seelen der westlichen Welt hinterlas-
sen. Die Idee, daß der Mensch in Sünde geboren sei,
hat viele ernsthaft denkende Leute mit einem Schuld-
gefühl belastet, ganz besonders auf dem Gebiet der Sexualität. Sogar heute noch, wo doch solche Dogmen an
Glaubwürdigkeit einbüßen, bleiben diese unterbe-
wußten Schuldkomplexe oft beharrlich bestehen und
verursachen viel seelische Not.

Sexuelle Kraft ist im Grunde genommen göttli-
ches Feuer oder göttliche Energie, die der Mensch zu

beherrschen und *weise* anzuwenden lernen muß, einerseits um neue Körper zur Erhaltung des Menschengeschlechtes zu erschaffen, um Materie kreativ zu gestalten, schöne und nützliche Dinge zu kreieren, anderseits aber auch um das auszumerzen, was seinen Zweck erreicht, seine Bestimmung erfüllt hat. So wie es im elektrischen Kräftefeld einen positiven und einen negativen Pol gibt, die sich gegenseitig die Waage halten, so ist die Sexualkraft im Menschen beides, kreativ und destruktiv, und muß schlußendlich unter die Kontrolle des göttlichen Willens gebracht werden.

Mit seiner Höherentwicklung wird der Mensch vermehrte Kontrolle über diese ihm innewohnende göttliche Schöpferkraft erreichen. Er wird fähig, sie nicht nur zur Zeugung neuer Körper für inkarnierende Seelen zu nutzen, sondern indirekt auch zur Erneuerung und Verschönerung der Erde. Das kreative Sexualfeuer ist die verborgene Energie hinter allen edlen Motiven und künstlerischen Errungenschaften, allen humanitären Werken und allen Höchstleistungen menschlicher Ausdauer. Die Mystiker aller Religionen wissen, daß ihnen die Beherrschung dieser Kraft okkulte Macht verleiht, die entweder zum Heilen oder zum Zerstören verwendet werden kann.

Wie man diese Macht anwenden kann, demonstrierte der große indische Mystiker Gandhi, der seine Laufbahn als einfacher Regierungsbeamter in Indien begann. In England studierte er Jura, brach dadurch die Gesetze seiner Kaste und wurde zum Ausgestoßenen. Im Laufe seiner juristischen Tätigkeit wurde er nach Südafrika geschickt. Die Art und Weise, wie dort seine Landsleute von den kleinen Beamten der weißen

Regierung behandelt wurden, beunruhigte ihn in zunehmendem Maße. Allmählich wurde ihm klar, daß er alles in seiner Kraft liegende tun müsse, um seinen geliebten Landsleuten die Würde ihrer uralten Kultur begreiflich zu machen und sie anzuspornen, für ihre Menschenrechte zu kämpfen.

Obwohl Gandhi keiner orthodoxen Glaubensrichtung angehörte, (er liebte die Bergpredigt genauso wie die Bhagavad Gita), war er tief religiös. Er wußte, daß Gewalttätigkeit in jeglicher Form falsch ist. Auch wußte er um die enormen Kräfte, die in des Menschen Seele wurzeln und die ihn befähigen, die größte Mühe auf sich zu nehmen, wenn es gilt, andere für ein Ideal zu begeistern. Er war sich dieser Seelenkräfte (Satyagraha), die mit der Geschlechtskraft eng verknüpft sind und durch Enthaltsamkeit gewaltig gesteigert und intensiviert werden können, bewußt. Deshalb legte er, bevor er seinen Feldzug des gewaltlosen Widerstandes in Afrika begann, im Einverständnis mit seiner Frau ein Zölibats-Gelübde ab, das er bis zum Ende seines Lebens hielt.

Er drängte das Zölibat niemandem auf, doch seine engsten Mitarbeiter folgten seinem Beispiel. Die Geschichte von Gandhis Leben, seine Tätigkeit in Afrika und später seine an Wunder grenzenden Erfolge in Indien lassen uns die enormen Seelenkräfte erkennen, die der Mensch entwickeln und zum Wohle anderer einsetzen kann, wenn er gelernt hat, seine Geschlechtskraft zu beherrschen und in bestimmte Bahnen zu lenken. Im Falle Gandhis wurde eine ganze Nation aus der Lethargie aufgerüttelt und sein geliebtes Indien von der Fremdherrschaft befreit.

Aus demselben Grunde verlangte ursprünglich die christliche Kirche von ihrer Priesterschaft das Zölibat. Das Fische-Zeitalter war eine Epoche, in welcher die Menschen eine Kirche brauchten, durch die sich okkulte Kräfte manifestierten. Es war die Aufgabe der Kirche, ihren Anhängern durch einen einfachen Glauben Halt zu geben und ihnen zu helfen, im Abendmahl die inneren, mit Worten nicht zu beschreibenden Mysterien zu erfahren.

Der Fisch, der in einem Ozean universellen Lebens schwimmt und sich aus diesem ernährt, ist als Symbol dieses mystischen Abendmahlgeschehens zu verstehen.

Die Stimulierung der Verstandeskräfte im beginnenden WassermannZeitalter trägt dazu bei, den mystischen Aspekt der Religion zu zerstören. Während dieses Zeitalters müssen jedoch sowohl der Verstand als auch die Gefühle zu ihrem Recht gelangen. Nichtsdestoweniger bleibt die Notwendigkeit, die Sexualkraft zu steuern und unter Kontrolle zu bringen, bestehen, heute sowohl wie gestern und in Zukunft.

Mit der Beseitigung so vieler religiöser und gesellschaftlicher Tabus und durch das Anheizen der Geschlechtskraft werden die jungen Menschen von heute viel größerem Streß ausgesetzt als früher. In Reklame, Presse, Film, Theater, in Büchern und im Fernsehen macht sich eine ungeheure kommerzielle Ausbeutung des Sexualbewußtseins breit. Wie die 'Hure von Babylon' wirkt all dies überstimulierend auf die Wunschnatur des Menschen.

Obgleich es in unserer aufgeklärten Zeit üblich geworden ist, Sexprobleme freimütig zu diskutieren, ist diese Errungenschaft gar nicht immer so hilfreich. Bereits die Ur-Weisheit drückte dem kreativen Sexfeuer, der Geschlechtskraft, den Stempel des Geheimen und Sakralen auf. In der Astrologie untersteht die Geschlechtskraft dem Tierkreiszeichen Skorpion, dem Zeichen verborgener innerer Kräfte.

Das gesamte Gebiet der Sex-Ausbeutung und der freien Diskussion über Sex ist einerseits eine notwendige Gegenströmung gegen viktorianische Prüderie und kirchendogmatische Irrlehren, verzettelt anderseits aber viel von der magischen Kraft und Schönheit des göttlichen Feuers. Die Schönheit einer Rose kann man nicht genießen, wenn man sie Blatt für Blatt zerpflückt. Die unversehrte Rosenblüte enthält eine undefinierbare Magie und einen wunderbaren Duft. Beides geht durch das Zerpflücken verloren. Und doch ist eingehendes Wissen über die Sexualität absolut notwendig, nicht nur das Wissen über die biologischen Fakten, sondern auch ein Wissen über die tiefere Bedeutung der Sexualität.

Sehr anschaulich kommt das uralte Gesetz vom göttlichen Feuer in der Astrologie zum Ausdruck. Mars, der Planet des göttlichen Feuers und der Energie, der die Fortpflanzungsorgane des Menschen regiert, ist im Zeichen Steinbock erhöht, d.h. in diesem Zeichen hat er seine größte Wirkung, und Steinbock ist das Zeichen für Familie und Verantwortung, beherrscht durch Saturn. Hierdurch ist angedeutet, daß eine geschlechtliche Vereinigung nur in voller Verantwortung sowohl im Hinblick auf das Glück und Wohlergehen des Partners, als auch um ein gesichertes glückliches Familienleben für die Kinder dieser Verbindung zu gewährleisten, vollzogen werden sollte. Saturn seinerseits ist im Zeichen der von Venus beherrschten Waage erhöht, dem Zeichen von Partnerschaft und Ehe, Schönheit, Gleichgewicht, Harmonie und Glück. Zweifellos ist der Segen innigen menschlichen Glücks nirgends vollkommener als in einem harmonischen Familienleben.

Astrologisch gesehen steht Indien unter dem Zeichen Steinbock. Das ist interessant, wenn man weiß, daß die jungen Menschen dieses Landes in ihrer Erziehung ein tiefes Verständnis für die Schönheit und Zauberkraft der geschlechtlichen Liebe erhalten. Im Westen meint man, alle indischen Yogis seien Asketen, doch das ist keineswegs das wahre Bild des Yogi. In Indien weiß man, daß die mächtige Geschlechtsenergie nicht auf ihre rein körperliche Ausdrucksform begrenzt ist. Sie ist vielmehr ein geistiges Feuer, das, wenn gelenkt, geschult und transmutiert, der Seele die wunderbarste Bewußtseinserweiterung bringen kann, wobei sie jedes Gefühl des Getrenntseins verliert und die unbeschreibliche Freude der Vereinigung mit der göttlichen Kraft — der Quelle allen Seins — erfährt. Diese wunderbare Erfahrung ist das Ziel aller Yogaschulen, wobei das göttliche Feuer, die göttliche Energie, aus der Verborgenheit des Geschlechtszentrums, Kundalini genannt, allmählich von ihrem rein physischen Aspekt durch kreative Ausdrucksformen der Gefühle in emotionale, durch gedankliche Kreativität in mentale und letztlich in himmlische Ebenen der Erleuchtung erhoben wird. Dieser Prozeß der Transmutation und Kanalisierung des göttlichen Feuers ist ein langsamer und lange dauernder Schulungsweg.

Der rein biologische Ausdruck dieser Kraft ist jedoch sehr wichtig, denn solange der Mensch durch sein Karma an das Rad der Wiedergeburt gebunden ist, müssen ständig neue Körper für inkarnierende Seelen gezeugt werden. Auch das wird in Indien gut verstanden, wo die jungen Leute von Kindheit an für ein glückliches Geschlechtsleben geschult werden. Insbesondere werden die Knaben in der Kunst glückbringenden Liebesspiels und sexueller Vereinigung geschult. Ehen wurden in einem sehr frühen Alter vorbereitet, indem man die Partner nach astrologischen Gesichtspunkten durch Vergleich der beiden Horoskope aussuchte. Wie wichtig Disziplin und Verantwortung im Familienleben sind, war ihnen bewußt.

Gandhi war ausgesprochen gegen diese Kinderehen, obgleich er selber im Alter von dreizehn Jahren mit einem gleichaltrigen Mädchen verheiratet wurde. Sie war ihm eine treu ergebene Gattin, die ihm in jeder Hinsicht in seiner großen Mission half und ihn ermutigte. Man muß sich tatsächlich fragen, ob diese sorgfältig vorbereiteten Kinderehen, die sich auf die Harmonie der Horoskope stützten und innerhalb eines auf gegenseitiger Hilfe basierenden Familienlebens beruhten, nicht ebenso vernünftig waren wie die Verabreichung der Pille an Schulmädchen in unserer heutigen westlichen Welt!

In der Ehe findet die Geschlechtskraft ihre gesunde und natürliche Erfüllung und sollte beiden Partnern im Idealfall Freude und Zufriedenheit bringen und somit den Kindern ein gesichertes und glückbringendes Zuhause garantieren. Die individuellen Bedürfnisse von Mann und Frau sind derart verschieden, daß üblicherweise die gegenseitige Anpassung sowohl sexuell als auch anderweitig viel Weisheit, Geduld und Humor erfordert. Nur mit Humor können die Partner den kleinen Schwierigkeiten den richtigen Stellenwert beimessen. Wo jeder Partner bemüht ist Glück zu geben und die Bedürfnisse des anderen zu erfüllen, da wird reicher Segen auf der Partnerschaft liegen.

Gewissenhafte Christen, die noch ganz der orthodoxen Vorstellung des Zölibats als etwas Heiligem verhaftet sind, glauben, daß der Geschlechtsakt, eine biologische Notwendigkeit für die Erhaltung der Rasse, ausschließlich der Zeugung von Nachkommen vorbehalten sein sollte. Diese Auffassung begrenzt die Geschlechtsfunktion auf eine rein tierische Ebene. Doch wenn richtig verstanden, kann der Geschlechtsakt den Menschen zu einer Bewußtwerdung göttlicher Mysterien führen. Sexuelle Vereinigung kann, wenn sie durch wahre Liebe und Hingabe geweiht ist, zum mystischen Verstehen jener göttlichen Einheit zwischen der Seele und dem kosmischen Christus führen, eine Seelenerfahrung von unbeschreiblicher Freude und Harmonie. Wahre Liebe ist unendlich viel mehr als ein rein körperlicher Trieb. Sie ist das gereifte Ergebnis geteilter Erfahrungen in Freud' und Leid und all der erzieherischen Verantwortlichkeiten, die eine eheliche Partnerschaft mit sich bringt. Aus diesem Grund hat die Probeehe, gerade als ob die sexuelle Vereinigung das A und das O der Ehe sei, etwas Unglaubwürdiges und wird zur reinen Farce.

Nur auf dem Fundament der inneren Sicherheit und emotionalen Geborgenheit, die das Eheversprechen bringen sollte, kann wahre Seelenvereinigung und eine von Freude getragene Ehegemeinschaft aufgebaut werden. Hierbei spielt es keine Rolle, ob ein solches Eheversprechen in der Kirche, auf dem Standesamt oder ganz privat im Herzen gegeben wird. Nach dem geistigen Gesetz ist ein solches Versprechen bindend und darf nicht leichtfertig mißachtet werden.

Wenn wir den kosmischen Zyklus der menschlichen Entwicklung studieren — symbolisch dargestellt in den zwölf Tierkreiszeichen und in der Bibel wie auch in allen anderen Weltreligionen in Parabeln gelehrt — entdecken wir, daß der Mensch zu Anbeginn seiner Entwicklung als Dualwesen erschaffen wurde. Mit anderen Worten, das ursprünglich erschaffene Wesen ist androgyn, d.h. zweigeschlechtlich, männlich und weiblich in einem, so wie es die vollkommene Seele wiederum sein wird. Doch (ganz einfach gesagt) an einem gewissen Punkt ihrer Entwicklung trennen sich die beiden Hälften, so daß jeder Teil für sich reichhaltige Erfahrungen sammeln kann.

Diese Wahrheit ist in symbolischer Form in der Geschichte der Erschaffung Evas aus Adams Rippe enthalten. Beiden, Adam und Eva, wird die Gabe schöpferischer Energie verliehen — sowohl positiv wie negativ — doch sie sind sich dieser Macht nicht bewußt, bis sie die Frucht vom Baum der Erkenntnis von Gut und Böse gegessen haben. *'Und ihre Augen wurden geöffnet und sie sahen, daß sie nackt waren'.* Es wurde ihnen klar, daß sie individuelle Persönlichkeiten waren. Von da an lebt ein jeder für sich, vom anderen getrennt, getrennt von Gott, mit freiem Willen entweder den Pfad des Guten oder den Pfad des Bösen — Gottähnlichkeit oder Selbstsucht — zu wählen. Um in den

Worten der biblischen Parabel zu sprechen: *"Und Gott der Herr machte dem Menschen und seinem Weibe Röcke von Fell und legte sie ihnen um. Und Gott der Herr sprach: siehe der Mensch ist geworden wie unsereiner, daß er weiß was gut und böse ist."*

An diesem Punkt der Entwicklung verlassen die Dualseelen den Schutz des Gartens EDEN um in irdischen Leibern (in Röcken von Fellen) inkarniert zu werden. Sie sind mit individuellen geistigen Kräften ausgerüstet, die durch Erfahrung in der Materie geschult und entwickelt werden müssen. Mann und Frau sollen nunmehr während vieler Erdenleben eigene Wege gehen. Diese Entwicklungsstufe nennt man zumeist den Sündenfall. Dieser Ausdruck ist jedoch so stark mit dem Dogma der Erbsünde und anderen orthodoxen Glaubensbekenntnissen und Mißverständnissen des Fische-Zeitalters verquickt, daß wohl eine bessere Definition 'der Abstieg der Menschheit in die Erdgebundenheit' wäre.

Sobald die beiden getrennten Dualseelen beginnen, ihren freien Willen auszuüben, tritt das Gesetz von Ursache und Wirkung in Kraft. Durch die daraus resultierenden Erfahrungen von Freud' und Leid entwickelt sich zuerst jede Einzelseele zu individuellem Bewußtsein, um sodann zu lernen, die Bedürfnisse des Nächsten zu erkennen. Ganz allmählich dämmert ein Verständnis für die universale Bruderschaft des Lebens, was schließlich zur Wiedervereinigung der Seelen-Duale führt. Durch ihre selbstlose Liebe erreichen sie eine Erweiterung des begrenzten menschlichen Bewußtseins in das göttliche oder Christus-Bewußtsein, in jene wunderbare EINHEIT , die das Ende allen

Kampfes bedeutet. Die Trennung der Dualseelen ist ein lebenswichtiger Aspekt der Höherentwicklung. Wäre es ihnen erlaubt zusammenzubleiben, jeder in die Seele des anderen versunken, sie spürten keinen Antrieb für eigenen Fortschritt. Die tiefe, unbewußte Sehnsucht der beiden Duale, in wahrer Liebe wieder zusammen zu kommen, ist es, die jedem im materiellen Leben verstrickten Menschen das Sehnen nach Schönheit, die nicht von dieser Erde ist, und ein Verlangen nach Wahrheit verleiht. Jedes Einzelwesen muß unzählige Male zur Erde zurückkehren, manchmal in einem männlichen, manchmal in einem weiblichen Körper, wobei es seine fundamentalen aktiven oder passiven Aspekte schöpferischer Energie beibehält. So lernen Mann und Frau ihre potentiellen kreativen Möglichkeiten und die daraus entstehende Freude in einem harmonischen Zusammenleben und Zusammenarbeiten voll zum Ausdruck zu bringen.

Bis ein gewisser Punkt im Evolutionszyklus erreicht ist, kommen Seelenduale selten als Ehegatten zusammen. Manchmal kommen sie in anderen Familienbeziehungen zueinander, doch oft inkarnieren sie gar nicht zur gleichen Zeit. Wenn eines der beiden Duale im Jenseits bleibt, das andere aber inkarniert, dann kann die nicht-inkarnierte Seele ihrem Dual auf Erden helfen und es inspirieren, weil die Seelenverbindung zwischen ihnen innig und stark ist.

Von White Eagle erfahren wir, daß die gesamte Menschheit nunmehr den tiefsten Punkt ihres Evolutionszyklus überschritten hat und einer neuen Epoche der Harmonie entgegengeht, in welcher die Erde vergeistigter und schöner werden soll. Die Zeit naht, da es den Dualen öfters gestattet sein wird, als Partner zusammen zu kommen, um ihr Leben dem Dienst an der Menschheit zu widmen. Ihre gemeinsame Liebe wird zu einem Leitstern, einem Leuchtfeuer werden, das alles in ihrer Umgebung durchwärmt und inspiriert.

Das neue Zeitalter des Wassermanns wird ein sich stets vertiefendes Verständnis für die Bedeutung der Bruderschaft zwischen den Menschen und Nationen bringen. Je mehr fortgeschrittene Seelen sich inkarnieren, desto öfter werden Dualehen möglich sein, die der ganzen Menschheit zum Segen gereichen, wodurch die gesamte Entwicklung beschleunigt wird.

Je höher eine Seele, die sich inkarnieren möchte, entwickelt ist, desto mehr braucht sie Eltern, die sich tief und innig lieben. Wenn Seelenduale als Ehepartner zusammen kommen, können sie ein solches Maß an Harmonie und gegenseitigem Verstehen erreichen, daß ihre Liebe zeitweise eine beinahe göttliche Stufe erreicht. Aus einer solchen Harmonie entsteht ein reiner und wunderschöner Körper für die inkarnierende Seele. Eine solche Liebe erzeugt Licht und schafft jene Bedingungen in Heim und Familie, die es dem Kinde ermöglichen, seine geistigen Kräfte zu entfalten und innerlich stark zu werden.

Ein schwieriges Karma in Ehe und Familie muß nicht unbedingt aus einem früheren Leben stammen. Durch unsere *heutigen* Gedanken und Handlungen verursachen wir laufend neues Karma, gutes und schlechtes. Unbeherrschte Emotionen, unbedachte, destruktive Worte und Gedanken setzen stets karmische Reaktionen in Bewegung, die sich rasch auswirken können. Doch oft braucht es viele Leben, um sie wieder auszumerzen, und die Weiterentwicklung einer Seele zu Glück und Freiheit wird auf unbestimmte Zeit hinausgeschoben. Anderseits wird durch jede Anstrengung zu Selbstbeherrschung, durch Freundlichkeit, Güte und Rücksichtnahme in der Familie gutes und positives Karma erarbeitet, das sodann nicht nur den eigenen Fortschritt beschleunigt, sondern auch vielen anderen Menschen zu ihrer Weiterentwicklung verhilft.

Die Tatsache, daß eine Ehe zwischen Dualseelen heutzutage eher selten ist, soll durchaus nicht heißen, eine Durchschnittsehe könne den Partnern nicht Glück und Zufriedenheit bringen. Der ganze Plan der Menschheitsentwicklung hängt ab von der Bereitstellung einer genügenden Anzahl von Körpern für inkarnierende Seelen. Ein glückliches, gesundes Familienleben ist ein Dienst am Gesamtleben, der seine Belohnung in sich trägt. Normalerweise werden Seelen in einer Ehe zusammengeführt, um ein Karma zu bereinigen, das eben nur auf diese Weise bereinigt werden kann. Die Kinder einer solchen Ehe haben, sei es mit beiden, sei es auch nur mit einem Elternteil, ebenfalls karmische Verkettungen.

Es kann auch sein, daß Partner heiraten, um eine Aufgabe weiterzuführen oder zu vollenden, die sie in einem früheren Leben begonnen haben. Oder vielleicht schaffen sie durch ihre besonders tiefe und innige Beziehung die richtigen Bedingungen, um einer fortgeschrittenen Seele Gelegenheit zum Inkarnieren zu bieten. Ein solches Zusammentreffen alter Freunde und Weggefährten kann überaus beglückend sein. Die Kinder, die aus solchen Ehen hervorgehen, werden in der Harmonie und der Geborgenheit der Familie für ihre ganz besondere Aufgabe bestens vorbereitet.

Wie Geburt und Tod ist auch eine Ehe vom karmischen Gesetz bestimmt und daher außerhalb der Kontrolle des bewußten Verstandes. Oft ist die Macht, die zwei Seelen in einer Partnerschaft vereint, unwiderstehlich und jenseits persönlichen Wollens. Zum richtigen Zeitpunkt werden jene, die in der Ehe ein gemeinsames Karma auszugleichen haben, zusammengeführt, vielleicht durch eine "zufällige" Begegnung, auch wenn die Beiden von entgegengesetzten Enden der Erde kommen. Dieselben Gesetze sind wirksam, wenn eine karmische Lektion durch Trennung zu erlernen ist. Die gleiche, unwiderstehliche Macht wird die Trennung herbeiführen, auch wenn sich die Partner wahrhaft lieben.

Ein religiöses Gelübde der Keuschheit kann nicht leichten Herzens gebrochen werden. Wenn eine Seele vor Gott ein solches Versprechen einmal gegeben und dann gebrochen hat, kommt einmal der Zeitpunkt, an dem sie eine überwältigende Notwendigkeit verspürt, zur Wahrung ihrer eigenen Integrität dieses Versprechen auch angesichts einer starken Versuchung einzulösen. Es mag auch sein, daß diese Seele in Umstände hineinwächst, die sie aus gesundheitlichen oder anderweitigen Gründen zum Unverheiratetbleiben zwingen. Nach gewissen 'readings' von Edgar Cayce kann der Bruch eines religiösen Gelübdes in einem vergangenen Leben die tiefgründige Ursache für heutige Probleme der Frigidität, respektive der Impotenz sein.

Obwohl heutzutage in den Schulen viel getan wird, um unseren Kindern die biologischen Fakten der

Sexualität zu erklären, sind die jungen Leute vor Sex-mißbrauch und Sexausbeutung weniger geschützt als je zuvor. Koedukation ist ohne Zweifel richtig und ge-sund, doch es ist für junge Leute schwierig zu erken-nen, mit welch' enormen Naturkräften sie konfrontiert werden. Die größte Hilfe ist natürlich ein sicheres und glückliches Familienleben und Eltern, die sich gegen-seitig und somit ihre Kinder wahrhaft lieben. Bereits ein Baby spürt und absorbiert unbewußt vieles, was mit der Sexualität der Eltern zusammenhängt. Heran-wachsende Kinder wissen und fühlen instinktiv, wie ihre Eltern zueinander stehen.

Infolge der Überbewertung des Intellekts, der zu-nehmenden Frauenemanzipation (women's lib), des Zusammenbruchs der alten Familientraditionen und des religiösen Hintergrundes sind unsere jungen Leute in so vielen Fällen unwissend und schutzlos und träu-men von romantischer, unrealistischer Liebe. Viele sind der Auffassung, daß sie dem Geschlechtstrieb nachgeben müssen, wenn immer ihnen der Sinn da-nach steht. Oft ist der Druck von außen, von Mitschü-lern und Kameraden, so groß, daß sich ein Mädchen verpflichtet fühlt nachzugeben, um ihren "Freund" nicht zu verlieren, oder um anderen Mädchen gegen-über prahlen zu können. All das ist bedauerlich, denn es degradiert die Geschlechtskraft auf ein rein animali-sches Niveau, eine Kraft, die — wenn richtig verstan-den — zu einem Quell von Trost und Beglückung im Streß des Alltags werden kann. Wenn diese Kraft ein-mal transmutiert ist, wird sie zu einer Triebfeder für kreatives Schaffen, die den Menschen Schönheit, Har-monie, Freude, Glück und Segen bringt.

White Eagle, wie auch andere geistige Lehrer, betont, daß der Geschlechtstrieb lediglich in einer von tiefer Liebe geprägten Partnerschaft, in der jeder der beiden Partner volle Verantwortung für das Glück und Wohlergehen des anderen übernimmt, seinen körperlichen Ausdruck finden sollte. Da ist kein Platz für wahllose Geschlechtsbeziehungen, Partnertausch oder sexuelle Betätigung außerhalb einer solchen Partnerschaft. V e r a n t w o r t u n g ist das Schlüsselwort.

Erst wenn alle Verpflichtungen vollständig und freiwillig eingelöst worden sind, sind Mann und Frau frei von karmischen Verstrickungen. Das heißt nicht, daß eine Scheidung oder Trennung notwendigerweise falsch wäre. Die Zeit mag kommen, da beide Partner ihre Schulden beglichen haben und zu weiteren Erfahrungen bereit sind. In einem solchen Fall löst sich die Beziehung beinahe von selbst und ohne Verbitterung auf. Ist dies nicht der Fall, werden die beiden immer wieder und wieder zusammen kommen müssen und können geistig nicht frei werden. Oft ist es daher vernünftiger, die Bürde weiterhin zu tragen, um die Schuld zu begleichen und dadurch rascher zu Erkenntnis und Glück zu gelangen. Das ist ganz und gar eine Angelegenheit des Gewissens jedes Einzelnen. Kein weltlicher Richter, kein weltliches Gericht kann jemals die Entscheidung treffen.

Manchmal, wenn in einem früheren Leben einer der Partner beträchliche Macht über den anderen erlangt hatte, besteht jetzt eine seltsame emotionale Bindung, unter welcher er oder sie sich vollständig dominiert fühlt und allerhand Schikanen, Herumkommandieren und Tyrannei physischer oder psychischer Art zu ertragen hat. In solchen Fällen mag es wohl richtig sein, daß der unterdrückte Teil, um der Kinder und auch um der Selbstachtung willen, den Mut und die Kraft finden muß, eine Trennung herbeizuführen. Oftmals ist es die Liebe zu den Kindern, die den Willen zum Kämpfen motiviert. Eine Scheidung ist dann logischerweise das Beste für alle, doch der betreffende Partner muß eindeutig die Notwendigkeit der Trennung einsehen und mutig einem neuen Leben ins Auge schauen.

Verantwortungsvolle, gütige Vaterschaft, liebevolle, weise Mutterschaft, heiliges Ehegelübde mit dem Ziel eines glücklichen Familienlebens — das waren schon immer die Ideale ganzer Völker und großer Zivilisationen durch die Jahrtausende.

Die Frauen des neuen Zeitalters werden die wahre Bedeutung ihrer Aufgabe als Mütter erkennen und akzeptieren und sie werden wieder lernen, ihre magnetische und emotionale Kraft mit Weisheit und Güte zu gebrauchen. In ihnen liegt die Fähigkeit, die edelsten Aspekte von Mut, Ritterlichkeit und Zärtlichkeit im männlichen Partner zu wecken und hervorzuholen und dadurch eine Partnerschaftsbeziehung aufzubauen, die nicht nur in Geborgenheit und glücklichem Familienleben ihren Ausdruck findet, sondern auch im sozialen Dienst am Mitmenschen.

Es liegt in der Natur der Frau und ist ihre wichtigste Aufgabe, gleichviel ob sie heiratet und Kinder bekommt oder nicht, ihre mütterlichen Qualitäten für die ganze Menschheit einzusetzen, Wunden zu verbinden, Sympathie zu verschenken, weise und freundlich das Richtige zu tun und jenem, der in Not ist, praktische Hilfe zu geben. Der Geschlechtstrieb ist bei der Frau eng mit der Gestaltung ihres Heims verbunden. Die Ur-Weisheit sagt, daß die wichtigste und edelste der weiblichen Funktionen die mütterliche Hingabe ist, zuerst im kleinen Kreis der Familie — dann aber auch im großen Kreis in der Außenwelt — bis ihre Liebe schließlich den ganzen Kosmos umschließt.

Während der Willens- oder Vater-Aspekt Gottes das Leben ins Dasein ruft, erschafft der Mutter-Aspekt die Form und pflegt sie. Das heißt, daß jede Frau den Drang in sich spürt, ein Heim zu schaffen und für alles ihr Anvertraute mütterlich zu sorgen. Im heutigen modernen Leben allerdings ist dieser mütterliche Instinkt oft durch intellektuelle Interessen überlagert, manchmal gänzlich erstickt. Dies ist besonders dann der Fall, wenn die Seele im vorangegangenen Leben ein Mann war. Trotzdem bleibt die Tatsache bestehen, daß Seelen in einem weiblichen Körper dazu bestimmt sind, so weit wie möglich das Prinzip der göttlichen Mutterschaft zum Ausdruck zu bringen. Die Zukunft der menschlichen Rasse liegt in den Händen der Großen Mutter — und irdische Frauen sind ihre Werkzeuge. Ihnen obliegt die Verantwortung für die Gesundheit und das Wohlergehen der Kinder der Zukunft.

Deshalb sollte die Frau in der sexuellen Partnerschaft tonangebend sein. Ihre sexuelle Reaktion ist normalerweise langsamer, dafür aber gefühlsmäßig viel tiefer als jene des Mannes. Sexuelle Vereinigung erweckt in der Frau gewöhnlich tiefe Gefühle, die im Grunde genommen die Vorbereitung zur natürlichen Vollendung in der Mutterschaft bedeuten. Darum ist für sie eine sexuelle Vereinigung außerhalb der Ehe so oft psychisch belastend, ganz abgesehen vom Risiko einer unerwünschten Schwangerschaft. Die Entwicklung der Anti-Baby-Pille hat den Frauen natürlich größere Freiheit denn je zuvor gebracht. Unerwünschte Schwangerschaften müssen sie nicht mehr befürchten und im großen und ganzen wird es auch nicht mehr als unmoralisch betrachtet, wenn Burschen und Mädchen, ohne verheiratet zu sein, miteinander leben. Wenn sie genügend Vorsicht walten lassen, besteht wenig oder überhaupt kein Risiko einer unerwünschten Schwangerschaft. Das ändert aber nichts an der Tatsache, daß nach geistigem Gesetz ein mystisches, ein karmisches Band geknüpft wird, sobald ein Mann und eine Frau zusammen leben. Gleichviel, ob sie Kinder haben oder nicht, sie haben die Verantwortung, eines für das andere, wie in einer Ehe, auf sich genommen.

Da Mann und Frau aus karmischen Gründen zueinanderfinden, und da die Ehe eine das ganze Leben ausfüllende Hingabe verlangt, um den Partner glücklich zu machen und sichere, glückliche Familienumstände für die noch ungeborenen Kinder zu schaffen, erscheint es angebracht, diesen Schritt mit einer religiösen Zeremonie zu begehen, in der um Gottes Segen und Hilfe gebeten wird.

Die Art und Weise, wie die Anti-Baby-Pille in die Funktion der Hormondrüsen eingreift und sie verändert, ist für Menschen mit geistigen Erkenntnissen beängstigend. Diese Drüsen sind mit den Chakras — den Zentren übersinnlicher Energien im Ätherleib — eng verknüpft, und sind für das Seelenleben des Menschen von tiefer Bedeutung. Es scheint unverantwortlich und

alles andere als weise, dieses umfassende Drüsenge-
schehen eines momentanen Sinnengenusses wegen zu
stören.

Auf der heutigen geistigen Entwicklungsstufe der
Menschheit mit ihren Kenntnissen erscheint es ange-
messen und richtig, die Zahl der Geburten einzu-
schränken, damit jedes Kind die bestmögliche Erziehung erhalten kann. Aus den oben genannten Gründen sollten daher technische Hilfsmittel für die Empfängnisverhütung eingesetzt werden. Verschiedene
mechanische Methoden sind möglich und der Pille
vorzuziehen.

Der Mensch muß noch viel lernen in Bezug auf
Zeugung und Geburt. Warum muß es sein, daß gewisse Ehepaare während vieler Jahre erfolglos versuchen
Kinder zu bekommen, während andere trotz sicher er-
scheinender Empfängnisverhütung Kinder nicht ver-
hindern können? Gesunde Kinder, so scheint es, kommen nicht auf Bestellung, so sehr der Mensch auch
meint, er wisse und verstünde auf diesem Gebiet alles.

Den Grund hierfür muß man natürlich in der Tatsache suchen, daß Eltern und Kinder karmisch eng
miteinander verknüpft sind, manchmal während vieler Leben. Hierin liegt der wahre Kern des Bibelwortes
"die Sünden der Väter wirken sich aus bis ins dritte und
vierte Glied". Ohne Zweifel rührt die geschlechtliche
Vereinigung an die tiefsten Wurzeln des menschlichen
Seins und ist daher ein machtvolles Mittel, sowohl
Karma auszugleichen wie auch neues Karma zu schaffen. Das bringt uns zu der stark gefühlsbetonten Kon-
troverse der Abtreibung. Das Problem ist uralt, denn
verzweifelte Mädchen haben in allen Zeitepochen

111

nach Mitteln gesucht, die Frucht ihres Leibes zu beseitigen, allzuoft mit tragischem Ausgang. Die moderne Praxis, wonach in vielen Ländern die Abtreibung unter medizinischer Betreuung möglich ist, ist den schrecklichen Hinterzimmer-Experimenten früherer Tage selbstverständlich vorzuziehen. Jedoch fühlen viele Frauen instinktiv, daß an der Abtreibung etwas falsch ist. Sobald ein Kind unterwegs ist, egal in welch schwieriger Lage die zukünftige Mutter auch sein mag, hat sie eine instinktive, gefühlsmäßige Reaktion — tief und beinahe primitiv — das ungeborene Leben zu schützen und zu hegen.

Sind die Umstände schwierig, vielleicht sogar tragisch, dann kommen viele andere quälende, sich widersprechende Überlegungen und Gefühle hinzu, welche die verzweifelte junge Frau zu einer Abtreibung veranlassen. Doch das Gefühl für den Schutz des werdenden Kindes kommt erneut zum Durchbruch. Die viel freundlichere und besser sorgende Gesellschaft im neuen Zeitalter des Wassermanns wird diesen menschlichen Problemen mit viel mehr Liebe und Toleranz begegnen. Bereits in diesem Jahrhundert haben Organisationen wie die Heilsarmee und viele andere der alleinstehenden Mutter und ihrem Kind geholfen. Viele verlassene Mädchen können ihr Kind unter freundlichen Bedingungen gebären und haben die Wahl, ihr Kind entweder zu behalten oder zur Adoption freizugeben. Wie immer die Entscheidung auch ausfällt, sie kostet viel Angst, Nervenkraft und bittere Gefühle, wofür der Vater des unerwünschten Kindes einmal einzustehen hat — vielleicht in einem zukünftigen Leben in einer weiblichen Inkarnation, wenn er durch ähnliche

Erfahrungen gehen muß, oder wenn er selber spüren muß, was es heißt, das unerwünschte Kind einer solchen Vereinigung zu sein.

Ist die junge Frau gezwungen, sei es durch Furcht, durch den Druck der Umwelt oder durch ihr eigenes Unverständnis, zu einer Abtreibung Zuflucht zu nehmen, dann hinterläßt dies eine tiefe Kerbe in ihrem Seelengedächtnis. Zutiefst innen weiß sie, daß nur Gott Leben geben kann, und daß das Leben ein kostbares Geschenk ist. Dieses Geschenk, heute so leichtfertig weggeworfen, mag ihr in einem späteren Leben vorenthalten werden, so daß sie sich vergeblich nach Kindern sehnt. Das ist dann die Erfahrung, die sie auf sich nimmt, um sich von der Vergangenheit zu befreien. Ist eine Abtreibung aus Gesundheitsgründen und im Hinblick auf das Wohlergehen der Familie unumgänglich notwendig, dann ist das etwas ganz anderes. Es ist eine Frage weiser Erwägung und verantwortungsvoller Entscheidung von Seiten der Eltern. In voller Verantwortung und Liebe wird der traurige Entschluß gefaßt, um dem Wohl der anderen gerecht zu werden. Eine solche selbstlose Haltung bringt Segen, denn eigenartigerweise gilt im Karma der Seele die Tat als solche nicht, sondern lediglich das Motiv und die Erinnerung an das Motiv. Liebevolles und sorgfältig durchdachtes Handeln wird stets gesegnet. Selbstsüchtige Taten, die zwecks Sinnesbefriedigung oder aus Bequemlichkeit ausgeführt werden, können ein schweres Karma für zukünftige Leben verursachen.

Die Beherrschung der sexuellen Energie wirft bei jungen Leuten vor ihrer Heirat naturgemäß mancherlei Probleme auf. Dasselbe gilt für jene, die aus karmischen Gründen auf ein natürliches Ventil in einer glücklichen Ehe verzichten müssen. Dennoch sollten diese Probleme keine unüberwindlichen Proportionen annehmen, wenn man sie in der richtigen Perspektive und im Zusammenhang mit den gesamten Erfahrungen des Lebens sieht. Es schadet niemandem, wenn der Versuch gewagt wird, den Geschlechtstrieb zu beherrschen und in andere Bahnen zu lenken. Wenn Karma ein normales Ventil in einer Ehe verhindert, dann heißt das: hier ist eine Gelegenheit, das kreative Feuer so in die Hand zu bekommen, daß es in irgendeiner Form des Dienens oder künstlerischen Schaffens eingesetzt werden kann. Des Menschen gesamte seelische und körperliche Energie kann verwendet werden, um unsere Erde in eine bessere und schönere Welt zu verwandeln. Die im Dienen eingesetzten Energien können tiefes Glück vermitteln — ein Glück, das umfassender ist als rein körperliche Befriedigung.

In der Yogapraxis wird die Beherrschung der sexuellen Energie im allgemeinen gut verstanden. Bestimmte Übungen, besonders eine einfache Atemtechnik, hat sich bei jenen, die für ihre sexuellen Energien kein anderes Ventil finden, äußerst hilfreich erwiesen. In ihrem Buch beschreibt Indra Devi dies so: "Zuerst entspanne dich für einige Minuten vollständig. Dann setze dich aufrecht hin, halte Nacken und Kopf ganz entspannt und beginne das Tiefatmen, wie in Kap. 6 beschrieben. Nach fünf bis sechs tiefen Atemzügen oder auch mehr, wenn du hierin Übung hast, schließe deine Augen und versuche dir eine starke, vitale Kraft vorzustellen, die sowohl in dir als auch außerhalb von dir wirksam ist. Konzentriere dich auf diese Kraft, doch lasse alle Gedanken an die Sexualität beiseite. Dann fahre mit dem rhythmischen Atmen fort — jedoch folgendermaßen: Stelle dir bei jedem Einatmen vor, wie du die Sexualkraft aus ihrem Zentrum hochziehst — ähnlich wie eine Pumpe aus einem Reservoir Wasser hochzieht — und leite sie bei jedem Ausatmen in dein Sonnengeflecht, die Energievorratskammer des Körpers, wo überschüssige Lebensenergie (Prana) gespeichert wird. Oder, wenn du es vorziehst, leite sie in dein Gehirn, um sie dort zu speichern. Fahre mit dieser Übung für einige Minuten fort, ohne den Atemrhythmus zu unterbrechen. Solltest du in der Tiefatemtechnik noch nicht geübt sein, dann halte inne, sobald du dich schwindlig fühlst und versuche erneut nach einem Unterbruch von drei bis vier Stunden.

Diese Übung scheint sehr einfach zu sein, doch ist ihre Wirkung groß. Es ist natürlich sehr wichtig, daß das Tiefatmen richtig ausgeführt wird, und daß du tatsächlich w i l l s t , daß die Sexualkraft empor steige, bevor du sie zum Sonnengeflecht oder zum Gehirn leitest. Auf diese Weise werden die kreativen Energien nicht verschwendet, wie dies bei der Selbstbefriedigung der Fall ist. Im Gegenteil, sie werden im Körper gespeichert und in eine feinere Kraft umgewandelt, wobei deine Persönlichkeit an Magnetismus, Vitalität und Anziehungskraft gewinnt.

Diese Übung ist sowohl für den Mann als auch für die Frau geeignet. Der beste Moment sie durchzuführen ist, wenn leidenschaftliche Gefühle wachgerufen werden und der Sexualtrieb sich meldet, doch kann auch zu jeder anderen beliebigen Zeit geübt werden. Eine Kombination von Yoga und Atemtechnik wird ohne Zweifel bald das gewünschte Resultat zeitigen, wenn man dabei noch seine Diät beachtet und ganz speziell alle stimulierenden Getränke und Genußmittel wegläßt." Hierzu gehören nach Indra Devi Kaviar, Austern, Fisch, Schweinefleisch, Sellerie, Wildbret, Gepökeltes und alle scharf gewürzten Speisen, sowie Kaffee, Schokolade und ähnlich stimulierende Genußmittel.

Eine natürliche, saubere, objektive Einstellung zur Sexualität ist eine Grundvoraussetzung, um die Würde dieser Kraft verstehen und respektieren zu lernen und um zu begreifen, wie dieser wunderbare Urtrieb als eine alles umwandelnde Kraft gelenkt und gesteuert werden kann.

Dem Problem der Homosexualität ist in letzter Zeit vermehrt Beachtung geschenkt worden. Auch dieses Problem war schon immer vorhanden, doch wurde es hinter dem Schleier von Schuld und Geheimnistuerei, die jegliche Sexualerziehung während des Fische-Zeitalters verteufelte, unterdrückt und versteckt. Heutzutage wird die Homosexualität so häufig diskutiert, daß manche jungen Leute sogar Angst haben vor einer guten Freundschaft mit Gleichgeschlechtlichen. Andere wiederum sind ganz unnötigerweise beunruhigt durch die Angst vor homosexuellen Neigungen, wenn sie durch die Phase der Pubertät gehen und ihre gerade erwachenden erotischen Gefühle auf eine Person des eigenen Geschlechts gerichtet finden. Solche Ängste und Befürchtungen sind unnötig, denn fast immer handelt es sich um ein ganz natürliches Erwachen der erotischen Gefühle, die zum charakterlichen Reifungsprozeß gehören und die Seele auf eine noch beglückendere Beziehung mit einem Partner des anderen Geschlechts vorbereiten.

Echte Freundschaft ist die Grundlage für jede gute Partnerschaft.

Freundschaft gehört in den Bereich der Seele und des Geistes. Sie ist nicht an die Grenzen der physischen Sexualität gebunden und ist daher eines der köstlichsten Geschenke Gottes. Mit dem Wachsen unserer Fähigkeit echte Freundschaften zu knüpfen, wächst auch unser Verständnis für Brüderlichkeit, einer Brüderlichkeit, die als Vision der Zukunft die ganze Welt umspannt.

Um das Problem der Homosexualität richtig zu erfassen, muß man wissen, daß wir im Laufe vieler Inkarnationen manchmal in einem weiblichen, manchmal in einem männlichen Körper geboren werden — je nachdem, was unser inneres Selbst lernen möchte und welche Arbeit es zu tun sich vorgenommen hat. Nach einer Anzahl von Inkarnationen in einem männlichen Leib ist es begreiflicherweise nicht leicht, sich sogleich an die Andersartigkeit eines weiblichen Körpers zu gewöhnen. Im Unterbewußtsein einer solchen Seele mag durchaus noch eine gewohnheitsmäßige Neigung zu Frauen bestehen, besonders wenn die Attraktion zum weiblichen Geschlecht in der vorangegangenen Inkarnation als Mann sehr ausgeprägt war. Die Umstellung braucht Zeit. Ganz ähnlich mag eine Seele eine Neigung zu Männern empfinden, wenn sie nach einer Reihe weiblicher Inkarnationen erstmalig wieder einen männlichen Körper bewohnt. Auch wenn jemand ein ganzes Leben in einer geschlossenen Gemeinschaft, z.B. in einem Kloster, zugebracht hat, mag sie/er sich in einem neuen Leben viel glücklicher und heimischer mit Menschen desselben Geschlechts fühlen, weil sie auf der geistigen oder mentalen Ebene manch gute Arbeit miteinander geleistet haben. So vieles hängt von der vergangenen Erfahrung ab.

Da es für den Fortbestand der Rasse naturnotwendig ist, für inkarnierende Seelen fortwährend neue Körper bereitzustellen, besteht in vielen Menschen gefühlsmäßig eine tiefe Abneigung gegen alles, was im sexuellen Bereich irgendwie von der Norm abweicht. Diese Haltung verbannt die Sexualkraft jedoch auf ihren rein biologischen, triebhaften Aspekt. Dabei sollten wir uns doch stets vor Augen halten, daß es sich um ein kreatives Feuer, um eine schöpferische Potenz der Sexualkraft handelt, einer Kraft, die auf vielen Ebenen zum Ausdruck kommen kann. Wie die Elektrizität hat sie einen negativen und einen positiven Pol, und im Laufe ihrer Höherentwicklung muß jede Seele lernen, beide Pole zu meistern. Ist die vollkommene Harmonie zwischen den beiden Polen erreicht, dann wird das ganze Wesen erleuchtet und verwandelt. Ein Symbol dieses vollkommenen Gleichgewichts ist der Caduceus, der Stab des Hermes, des Gottes der Weisheit, jener Zauberstab, den weise zu führen alle Menschen einmal lernen werden.

Wie bereits angedeutet, kann das göttliche kreative Feuer nur dann jene ursprünglich vorgesehene Freude und Ekstase bringen, wenn es, durch Pflichtgefühl und Verantwortung gesteuert, für den Dienst an der Gesamtheit des Lebens eingesetzt wird. Das Geschlecht des Körpers, das die Seele gewählt hat, legt ihr gewisse naturbedingte Pflichten und Verantwortungen auf und versieht sie mit entsprechenden Fähigkeiten. Wenn ein Geschlechtswechsel nach der letzten Inkarnation eben erst stattgefunden hat, mag es schwieriger sein, die entsprechenden Verpflichtungen zu erfüllen, und eine vermehrte seelische Anstrengung ist erforderlich. Doch ist dies ein Teil der Schulung der Seele und gehört zum Entwicklungsweg, der allmählich zur vollständigen Meisterschaft in *beiden* Lebensaspekten, zum Gleichgewicht *beider* Pole, führt.

Haben wir einmal erkannt und akzeptiert, daß dieser Rollenwechsel des Geschlechts so lange fortgesetzt wird, bis wir sowohl in einem weiblichen wie in einem männlichen Körper gleich gut und glücklich funktionieren und wir mit der ganzen Kraft unseres Herzens beiderlei Qualitäten entwickelt haben, die entsprechenden Verantwortungen übernehmen und das Glück beider Aspekte voll auskosten können, dann wird das kreative Feuer weniger Probleme verursachen.

Die Beherrschung und Kontrolle des Geschlechtstriebs benötigt stets Disziplin und seelische Kraft, darf aber nicht mit Unterdrückung und Verdrängung verwechselt werden. Die Verneinung dieser Kraft im eigenen Wesen, ihre Bekämpfung und der Versuch sie zu verdrängen oder abzukapseln führt unweigerlich zu psychischen Problemen, die eines Tages explosiv in allerlei Grausamkeit und Gewalttätigkeit ausarten können. Auch quälende Schuldgefühle oder geistige Arroganz können die Folge sein.

Wenn das Karma die normale Befriedigung des Geschlechtstriebs verwehrt, dann sollte dieser bewußt in kreative Bahnen gelenkt werden. Auf der physischen Ebene kann die überschüssige Energie durch harte Arbeit, Sport oder ein Hobby abgebaut werden, auf der Gefühlsebene durch Dienst an den leidenden Mitmenschen oder durch künstlerische Betätigung, auf der mentalen Ebene nicht nur durch tiefes Nachdenken oder tiefsinnige Studien, sondern auch durch bewußten Gebrauch der Seelenkräfte für das Heilen von Mitmenschen oder schwierigen Umständen, wie Gandhi es tat.

Es ist bemerkenswert, wie viele große Musiker, Maler und andere Künstler unfähig waren, mit einem normalen Eheleben fertig zu werden, da sie ihre ganze Energie auf künstlerische Ausdrucksformen konzentrierten. Welch' herrliche Werke schenkten sie der Welt! Wird das göttliche Feuer einmal über die Begrenzung und Einschränkung des physischen Leibes erhoben, dann wird aus der Sexualkraft eine Seelenkraft, eine wunderbare Macht, die wir mit unserem menschlichen Verstand nicht begreifen können. Sagte nicht Jesus, daß es im Himmel weder Heirat noch eheliche Pflichten gäbe? Auf der Seelenebene wird mit der Zeit jeder lernen, die kreative Kraft Gottes auf seine ureigenste Art und Weise anzuwenden, um positive und negative Energien gleichermaßen für Schönheit und Harmonie einzusetzen und den "Himmel auf Erden" zu verwirklichen.

Um Meisterschaft in irgendeiner der Künste oder Wissenschaften zu erreichen braucht es eine lange Zeit konzentrierter Anstrengung. Viele Schwierigkeiten müssen überwunden, viele Irrtümer und Fehler korrigiert werden. Doch der Weg zur Meisterschaft im Gebrauch der göttlichen kreativen Kräfte ist noch viel länger. Dieser Weg erfordert seelisch-geistige Anstrengung und das allmähliche Erlernen und Meistern von Lektion nach Lektion während vieler vieler Leben. An diesem Ringen aber sind wir alle beteiligt.

Sexuelle Regeln und Gebräuche sind auf der ganzen Welt unterschiedlich. Was in unserer Gesellschaft als richtig anerkannt ist, gilt in einem anderen Kulturkreis als Sünde. Doch *ein* Grundgesetz hat allgemeine Gültigkeit. Wir alle sollten die Lebenskraft achten und respektieren, wir sollten Ehrfurcht vor dem Leben haben — die Regeln unserer eigenen Gesellschaft befolgen und uns gegenüber anderen stets so verhalten, wie wir möchten, daß sie sich uns gegenüber in ähnlichen Umständen verhalten. Wir müssen versuchen, uns in die Gefühle der anderen hineinzudenken und sodann nicht töricht, sondern mit Liebe und Verantwortung handeln. Haben wir gefehlt, dann sollten wir alles daran setzen, jegliches Leid, das wir verursacht haben, wiedergutzumachen, doch dürfen wir uns nicht durch Schuldgefühle niederdrücken lassen.

Das göttliche Feuer ist die Lebenskraft, die Quelle allen Glücks, aller Schönheit und Freude, allen Humors und Frohsinns und all dessen, was Spaß macht.

Lernen wir doch, uns dieser Kraft zu erfreuen, gleichviel auf welcher Ebene wir sie erleben und anderen zu helfen, die gleiche Freude zu empfinden. Wir müssen wieder lernen, derart mit freudiger, kreativer Energie erfüllt zu sein, daß wir Heilkraft, Glück und heitere Gelassenheit ausstrahlen, wo immer wir uns befinden.

Haben wir dann endlich den Grad der Meisterschaft erreicht, haben wir gelernt, die gegensätzlichen Kräfte ganz auszugleichen, dann erheben wir uns wie ein

Adler und fliegen ungehindert der Sonne entgegen —
in die Freiheit und Herrlichkeit der geistigen Welt!

****

DIE BRUDERSCHAFT ALLEN LEBENS

Die Ur-Weisheit durfte dem Gedächtnis der Menschheit nie ganz entschwinden. In den dunkelsten Tagen des Materialismus allerdings, oder — wie man es auch nennen könnte — am untersten Punkt des Entwicklungszyklus — war das Licht beinahe gänzlich erloschen. Über die Jahrhunderte hinweg wurde es durch kleine Gruppen lebendig erhalten, von Frauen und Männern, die sich meistens gezwungen sahen, sich in Geheimbünden und Bruderschaften im Verborgenen zu treffen. Wären sie entdeckt worden, hätten sie Gefangennahme, Folter, ja sogar den Tod riskiert.

Die Ur-Weisheit bringt den Menschen Erleuchtung und dadurch geistige Freiheit, womit den alteingesessenen Mächten der Würgegriff entzogen wird.

Diese Geheimbünde oder Bruderschaften hatten die verschiedensten Namen, wie die Essener, die Albigenser, die Ritter des Heiligen Gral und die Rosenkreuzer. Durch ihren furchtlosen und aufopfernden Glauben erhielten sie die Flamme der Wahrheit lebendig. Es war die Aufgabe der mittelalterlichen Bruderschaften, das Licht weiterzugeben, wo immer es möglich war und es hinauszutragen, wohin auch immer sie gingen, das Licht der verborgenen Weisheit, das Licht menschlicher Liebe und Freundschaft, welches Genesung und Frieden bringt.

Etliche der Mitglieder dieser Geheimbünde sind heute wiederum inkarniert, während sich in der unsichtbaren Welt eine große Schar leuchtender Seelen befindet, die wir die "Sternenbruderschaft", die "Weiße Bruderschaft" oder die "Leuchtenden Heerscharen" nennen wollen. Ihr geistiges Oberhaupt, das während der dunklen Jahrhunderte des Fische-Zeitalters in verschiedenen Inkarnationen für die Erleuchtung der Menschheit wirkte, war unter vielen Namen bekannt. Der Name, der vielleicht am ehesten eine Ahnung dieser großen und edlen Persönlichkeit vermittelt, ist "The Wise Knight" — Meister der Sternen-Bruderschaft. Er hat einen Grad spiritueller Meisterschaft erreicht, der es ihm möglich macht, ebensogut in seinem feinstofflichen, unsichtbaren Leib zu wirken, wie in seinem physischen Körper.

Er hat Zeichen und Symbole, mit denen er jenen, die auf dem irdischen Plan für ihn arbeiten, immer erneut zu verstehen gibt, daß er wirklich die Meisterseele, die führende Intelligenz, ist, die hinter ihnen und ihrer sich ausweitenden Tätigkeit des Heilens und Helfens steht. In vergangenen Jahrhunderten benützte er oft das Symbol des Kerzenleuchters mit einer brennenden Kerze als Erkennungszeichen. Dieses Symbol paßte gut zu der Epoche der Dunkelheit. Für das anbrechende Wassermannzeitalter hingegen, während dem das Licht geistigen Erkennens die Menschheit von der Knechtschaft des Materialismus zu befreien bestimmt ist, hat er ein neues Symbol gegeben, den strahlenden, sechseckigen Stern. Nicht das Salomonssiegel — Symbol der jüdischen Gemeinschaft — sondern einen lebendigen silbernen Stern von strahlendem Licht — ein uraltes Symbol für den vollkommen gewordenen Menschen.

Es mag von Interesse sein, daß eines der Symbole des Tierkreiszeichens Wassermann schon immer ein weißer Adler gewesen ist, auch daß der weiße Adler einen ganz speziellen Lichtstrahl, den Strahl des heiligen Johannes, versinnbildlicht, der nunmehr in stets zunehmender Intensität auf die gesamte Menschheit gerichtet ist. Der weiße Adler hat starke, weiße Schwingen, die ihn direkt zur Sonne tragen.

Die warmherzige Persönlichkeit, die viele Menschen als White Eagle kennen und lieben, hat die Aufgabe, uns zu helfen, unsere geistigen Schwingen zu gebrauchen, um uns über die Erdhaftigkeit zu erheben und in das 'Herz der Sonne' zu fliegen. In seiner Eigenschaft als geistiger Lehrer ist White Eagle vielen Menschen so nahe, daß sie das Gefühl haben, er verstünde ihre menschlichen Probleme, während Jesus, Buddha oder Krishna so weit entfernt, so groß und erhaben über ihnen stünden, daß sie sie mit ihren kleinen Nöten und Sorgen nicht belästigen dürften. White Eagle, so meinen sie, sei eher auf unserer Stufe und daher besser in der Lage, ihnen mit praktischer Soforthilfe zur Seite zu stehen.

Doch immer wieder ermuntert uns White Eagle zu versuchen, die Lehren der großen Meister besser zu verstehen und in unseren Herzen die Liebe zu spüren und auch das Licht, das durch sie hindurchstrahlt, um unseren Pfad zu erhellen. Er zeigt uns, wie wir mit Hilfe desselben Lichts, das auch in unserem eigenen Herzen scheint, einen guten und echten Kontakt zu den Meistern herstellen können.

Der strahlende, sechseckige Stern ist das Symbol einer universalen, allumfassenden Bruderschaft allen

Lebens, die älter ist als die Erde. Mit dem Fortschreiten des Wassermann-Zeitalters kommt auch die Sternen-Bruderschaft aus der geistigen Welt immer näher an die Erdenmenschheit heran. Nur wenige von uns, die wir unseren täglichen Geschäften nachgehen, wissen, wie nahe uns die geistige Welt ist und wie dicht jene an uns herankommen, die uns helfen und inspirieren möchten. Wir merken kaum, wenn sie uns veranlassen, etwas zu sagen oder zu tun, was einem anderen hilft, auch ahnen wir nicht, welche Wirkung dieses Wort oder jene Tat auf den anderen hat. Ebensowenig bemerken wir den Bruder an unserer Seite, der uns inspiriert.

White Eagle zeigt uns, wie wir dem Christus-Stern folgen und in Brüderlichkeit miteinander leben können. Er lehrt uns, auf dem physischen Plan in Gruppen zu arbeiten, uns auf den leuchtenden Stern zu konzentrieren und das durch die Gruppe erzeugte Licht auszustrahlen, um die Menschheit zu heilen und zu segnen. Indem er uns lehrt, unter dem Symbol des Christus-Sterns in einer Bruderschaft zusammen zu arbeiten, um der Menschheit zu helfen, auf das Licht des Christus-Sterns anzusprechen, hilft er uns, das Licht im eigenen Herzen anzufachen und so die Flügel unseres Geistes zu entfalten.

White Eagle empfiehlt uns dies zu tun, indem wir versuchen, zu jeder dritten Stunde in Gedanken das Licht des Christus-Sterns in die Welt auszustrahlen. Er ermutigt uns, Toleranz zu üben und die vielen kleinen menschlichen Schwächen zu vergeben, die wir uns gegenseitig ankreiden. Wo immer verschieden geartete Menschen in einer Gruppe zusammen arbeiten, gibt es

Meinungsverschiedenheiten. Wir alle haben unsere Eigenart, die Dinge zu betrachten. Wir alle sind mehr oder weniger sensitiv, haben eine ausgeprägte Meinung und persönliche Vorurteile. Das alles verursacht Konflikte. Manchmal ist es in spirituellen Gruppen sogar schwieriger als anderswo, weil man hier von sich und den anderen viel mehr erwartet und dann leicht enttäuscht ist. Das erwachende Licht im Inneren rüttelt die Seele auf, sie möchte besser sein und Gutes tun. Das gesamte Nervensystem wird sensibilisiert und man neigt deshalb leider zu vermehrter Verletzlichkeit und Reizbarkeit. Das ist ganz speziell der Fall, wenn es die Aufgabe einer Gruppe ist, Licht und Heilkraft zu verströmen. Diese Arbeit bringt die Teilnehmer in den Einfluß eines wunderbaren Lichtstrahls aus der geistigen Welt, der ihr ganzes Wesen sensitiver macht. Eine Weile leben sie in einem feineren, reineren und friedlicheren Bewußtseinszustand. Kehren sie dann in ihren Alltag zurück, sind sie nicht immer auf die Härte der Erdenschwingung vorbereitet. Die Seele, die den Pfad der geistigen Entfaltung geht, benötigt viel Übung, um immer ruhig, gleichmütig und gelassen und unter der Kontrolle des höheren Selbst zu bleiben. Darum sind Toleranz, Verzeihen und die-Zunge-im-Zaum-halten so wichtig.

Das Gemüt des Menschen ist wie eine Waage, die entweder auf positive oder auf negative Gedanken anspricht. Vielleicht besteht unser freier Wille lediglich darin, wie wir auf diese Gedankenströme reagieren. Jede Minute, jede Stunde, jeden Tag haben wir den freien Willen, richtig oder falsch zu denken, auf Tagesereignisse entweder gelassen, weise und freundlich oder scharf und erbittert zu reagieren. Wir leben in einer Welt der Gedanken. So wie die Luft um uns von unsichtbaren Licht- und unhörbaren Tonschwingungen erfüllt ist, die uns nicht bewußt sind, die aber elektronisch aufgezeichnet werden können, so ist die Atmosphäre mit Gedankenströmen durchdrungen. Es sind die Gedanken der Menschen um uns herum und der nie endende Gedankenstrom von Schriftstellern und Redaktoren, von Zeitungen, Radio und Fernsehen.

Die Masse der konfusen Gedanken ist wie eine riesige Flutwelle, die gegen unser Bewußtsein brandet. Eigentlich sind es zwei Ströme, der eine licht und positiv, der aufbaut, der andere dunkel und negativ, der niederreißt. Zwangsläufig sprechen wir einmal auf den einen, einmal auf den anderen Strom an, mit einem nie endenden Hin- und Herschwanken zwischen positiven und negativen Gedanken.

Durch regelmäßiges Meditieren und Einstimmen auf das innere Licht beginnt die Christuskraft im Herzen allmählich die Kontrolle über unsere Gedankenwelt zu übernehmen und ihre enorme Macht auszuüben, um Positives zu vollbringen und um Harmonie zu erzeugen im eigenen Körper, in unserer Umgebung und in einem stets sich erweiternden Kreis.

Gute Gedanken kommen nicht aus dem Verstand, sondern aus dem Herzen, das sich auf das Licht ausgerichtet hat, auf den Christus-Stern.

Wer regelmäßig zu den magischen Stunden um drei Uhr, sechs Uhr, neun Uhr und zwölf Uhr versucht, sich in die Schwingung des Sterns einzuschalten, findet es hilfreich, wenn er gleichzeitig die Atemübungen macht, die in Kap. 6 eingehend beschrieben sind. Dieses Sich-Einschalten benötigt nicht mehr als eine Minute, die Zeit etwa, die es braucht für drei tiefe, langsame Atemzüge. Doch während dieser kurzen Zeit wird das Licht im Herzen heller, denn in dieser einen Minute ist es in völliger Kontrolle über die Myriaden Gedanken, die ständig in unser Gehirn fluten, ganz abgesehen davon, daß Heilkräfte den Weg zu jenen Menschen finden, die sie benötigen.

Durch diesen regelmäßigen kurzen Kontakt mit dem "Stern-im-Herzen" lernen wir, zwischen den Gedanken zu unterscheiden, wir beginnen uns zu fragen, ob wir diese oder jene Gedanken wirklich denken w o l l e n. Allmählich begreifen wir die innewohnende göttliche Kraft, die uns erlaubt, unsere Gedanken unter Kontrolle zu bringen und sie zu steuern.

Dies wird unsere Aufgabe im neuen Zeitalter sein. Wassermann ist ein luftiges Zeichen, welches das Konzentrieren und Nutzbarmachen von Gedankenkräften symbolisiert. Sein astrologischer Herrscher ist der Planet Saturn, der Planet der Konzentration, der Einschränkung und der gebündelten Gedankenkraft. Das Zeichen Löwe, mit der Sonne als Herrscher, steht dem Wassermann im Tierkreis gegenüber. Das vollkommene Gleichgewicht zwischen den beiden Zeichen versinnbildlicht die Macht der Christussonne im Herzen, die des Menschen Gedankenströme erhellt und lenkt. Diese Kraft des Herzens, welche durch die Gedanken zum Ausdruck kommt, kann dem physischen Leib und der Umwelt Gesundheit, Schönheit und Harmonie bringen. Mit jeder Anstrengung, die wir unternehmen, Gelassenheit und Ruhe zu bewahren, die unerwünschten Gedanken zur Ruhe zu bringen und uns auf den inneren Christus zu konzentrieren, mit jedem Versuch, den Odem Gottes einzuatmen und uns mit Schwingen des Lichts zu erheben, bauen wir an unserer Zukunft. Wir erbauen uns den Lichtleib, jenen unsterblichen Träger der Seele, der immer stärker durch den physischen Leib hindurchzuscheinen und dem Körper Gesundheit und Vitalität zu verleihen vermag. Im Laufe des neuen Zeitalters wird der Mensch allmählich lernen, wie er bewußt gleichzeitig in beiden Welten leben kann, in der materiellen und in der ewigen Welt des Lichtes und des Friedens, wo all jene sind, die er liebt.

Die Sternen- oder weiße Bruderschaft auf Erden ist eine stets zunehmende Schar von Dienenden, sowohl sichtbaren wie unsichtbaren, welche die uralte Wahrheit, daß es im Geist und in der Liebe keine Trennung gibt, erfaßt haben. Für sie ist der Tod keine Barriere, sondern lediglich eine Episode auf dem langen Pfad der Entwicklung und des Fortschritts, einem Pfad, der in den Zustand des erleuchteten Bewußtseins führt. Dieses erleuchtete oder allumfassende Bewußtsein macht es möglich, daß der Geist in Liebe und Weisheit über die Materie triumphiert. Dann wird das Leben auf der Erde ganzheitlich harmonisch und schön.

Die Ziele der Sternenbruderschaft sind einfach und klar:

Jene zu heilen, die an Leib, Seele oder Gemüt krank sind.

Der Menschheit jegliche Furcht vor Tod und Trennung zu nehmen.

Auf der Erde die geistige Bruderschaft allen Lebens zu verwirklichen.

Diese Bruderschaft umfaßt a l l e s Leben, das der Menschen und der Engel, der Tiere, Vögel, Insekten, der Blumen und Pflanzen sowie der Elementarwesen im Wasser, in der Luft, im Feuer und im Erdreich. Es ist die große, universelle Bruderschaft allen Lebens.

Die Menschen sehnen sich heute mehr denn je nach dem Licht der Ur-Weisheit, doch die älteren Brüder der unsichtbaren Welten benötigen dringend der Zusammenarbeit mit Menschen, die auf der physischen Ebene leben, damit sie gemeinsam das große Werk der Genesung und Erleuchtung vorantreiben können. Nichts Dramatisches liegt diesem Werk zugrunde. Das Wissen um das innere Licht wird nicht leichthin vermittelt — es muß vom Menschen e r - r u n g e n werden, und dies oft durch geduldiges und manchmal unbeachtetes Dienen. Diejenigen aber, die wahrhaft suchen, werden sich allmählich und kaum merklich bewußt, nicht nur der Kraft ihres eigenen inneren Lichtes, sondern auch einer scheinbar magischen Macht, die sie von außen her leitet und sie auf Wege des Friedens und des Glücks führt.

Das Licht-im-Herzen wird zu einem Brennpunkt, der eine Macht anzieht, die größer ist als der Mensch fassen kann. Wird die göttliche Flamme durch Hingabe im Dienen und Heilen genährt, dann brennt sie immer heller und durchleuchtet allmählich die widerspenstigen Atome des Leibes, bis der gesamte Mensch gesund, vital und strahlend wird. Diese Arbeit, die sich weit in die Zukunft erstreckt, ist wichtiger als jegliche rein weltliche Tätigkeit, denn sie bringt der "Menschheits-Seele" als Ganzes Genesung und Erleuchtung. Sie beschleunigt das Kommen des längst prophezeiten Goldenen Zeitalters. Dann werden Frauen und Männer in Harmonie und Frieden miteinander leben und sich jener Wunder der Wissenschaft und der kreativen Kräfte erfreuen, die ausschließlich dem Wohl des Menschen dienen.

Meister Jesus sagte: "Die Ernte ist groß — doch der Schnitter sind nur wenige". Der Ruf zur Arbeit, der Ruf, durch eigenes Bemühen und Selbstdisziplin nach den Wahrheiten der Ur-Weisheit zu suchen, der dringende Ruf, das heilende Licht auszustrahlen — dieser Ruf ergeht mit besonderem Nachdruck an die jungen Menschen, an die mit vitalen Körper- und Geisteskräften Gesegneten. Eine solche Arbeit kommt der beruflichen Tätigkeit nicht in die Quere, im Gegenteil. Jene, die ihre Kraft aus dem Licht in ihrem Herzen beziehen, werden menschlicher, freundlicher, vernünftiger und besser und praktischer in ihrem Berufsleben.

Der wahre Heilige, der wahre Mystiker, ist freundlich und gütig. Außergewöhnlich ist er eher durch seine Fürsorge für andere und die aus ihm quellende stille Fröhlichkeit als durch zur Schau getragene "Heiligkeit". Das Geheimnis seines Verstehens, seiner Fröhlichkeit und seines fürsorglichen Denkens liegt in seinem Herzen.

Der Meister der Sternenbruderschaft, "The Wise Knight", erteilt die nachstehenden einfachen Ratschläge all jenen, die das Kommen des goldenen Zeitalters beschleunigen möchten:

"Versucht, euch geistig über die Grenzen eures Körpers und des irdischen Verstandes hinaus zu entwikkeln. Bemüht euch, euren Egoismus zu überwinden und einfach und rein zu leben in Bezug auf Körper, Seele, Gemüt und Gedanken.

Versucht, euch zu jener geistigen Stufe zu entwikkeln, die euch befähigt, eine Kraft auszustrahlen, die andere glücklich macht, eine Kraft, die heilt und die dem Mitmenschen hilft, seine Furcht vor dem Tod zu überwinden.

Geht an eure Aufgaben, meine Freunde. Schaut nicht zurück, sondern haltet euren Blick fest auf den vollkommenen, silberweißen Christus-Stern gerichtet, auf den Morgenstern eines neuen Zeitalters, eines Zeitalters universeller Bruderschaft, in welchem die in jedem Menschen innewohnende Flamme des Kosmischen Christus die ganze Erde verwandeln und im Licht erstrahlen lassen wird."

****

WHITE EAGLE BÜCHER

IN DER STILLE LIEGT DIE KRAFT (The quiet mind)
Auslese der markantesten Worte von White Eagle
55 Seiten, DM 12.-, 11. Auflage

WUNDER DES LICHTES (Morninglight)
Über das Woher, Wohin und Warum des Menschen
64 Seiten, DM 12.-, 6. Auflage

VOM LEBEN JENSEITS DER TODESPFORTE (Sunrise)
Ein Buch, das Trost spendet und wahres Wissen vermittelt
64 Seiten, DM 12.-, 8. Auflage

GEBETE IM NEUEN ZEITALTER (Prayer in the new age)
Gebete und Invokationen
96 Seiten, DM 14.-, 4. Auflage

WEISHEIT VON WHITE EAGLE (Wisdom from White Eagle)
Vermittelt das Weltbild des neuen Zeitalters und erklärt das
geistige Gesetz und seine Auswirkungen
96 Seiten, DM 14.-, 6. Auflage

UNSER GEISTIGER BRUDER SPRICHT (The gentle Brother)
Geistige Ratschläge für den Alltag
80 Seiten, DM 14.-, 2. Auflage

MEDITATION (Meditation)
Theorie und Praxis der White Eagle-Meditation
120 Seiten, DM 18.-, 6. Auflage

DER GEISTIGE PFAD (Spiritual Unfoldment I)
Geistige Entwicklung und Entfaltung der Seelenkräfte des Menschen
128 Seiten, DM 18.-, 5. Auflage

NATURGEISTER UND ENGEL (Spirtual Unfoldment II)
Das verborgene Leben der Naturgeister und Engelwesen
84 Seiten, DM 14.-, 5. Auflage

DER WEG ZUM HÖHEREN SELBST (Spiritual Unfoldment III)
Ein Wegweiser zu den inneren Mysterien
96 Seiten, DM/Sfr. 16.- 1. Auflage

DIE STILLE DES HERZENS (The Still Voice)
Ein Buch für stille Stunden
112 Seiten, DM 18.-, 4. Auflage

WARUM? (Joan Hodgson)
Ein White Eagle Buch über den Sinn des Erdenlebens
136 Seiten, DM 18.-, 5. Auflage

WER IST WHITE EAGLE (von Walter Ohr)
48 Seiten, DM 10.-,   3. Auflage

DIE GOLDENE ERNTE DER LIEBE (Golden Harvest)
Der Weg der geistigen Erfüllung
64 Seiten, DM 14.-,   3. Auflage

DIE VIER GROSSEN EINWEIHUNGEN (The Path of the Soul)
Wege zu einer inneren Wirklichkeit
88 Seiten, DM 14.-,   3. Auflage

MIT WHITE EAGLE DURCH DAS JAHR
Auslese der markantesten Worte von White Eagle
128 Seiten, DM 19.80,   2. Auflage

GEISTIGE JAHRESZEITEN (The Way of the Sun)
Die spirituelle Bedeutung der Jahreszeiten
120 Seiten, DM 19.80,   2. Auflage

DAS GROSSE WHITE EAGLE HEILUNGSBUCH
(The White Eagle Lodge Book of Health and Healing)
176 Seiten, DM 32.-,   5. Auflage

DIE WHITE EAGLE HEILUNGSPRAXIS
Das große White Eagle Heilungsbuch Bd. 2
312 Seiten, DM 38.-,   2. Auflage

White Eagle
Geistige Jahreszeiten

Noch immer wandert der Mensch der modernen In-
dustriegesellschaft mehr oder weniger unbewußt
durch das Jahr. Die Feste und Feiertage werden als
willkommene Unterbrechung des Alltagsstresses be-
grüßt, doch innere – geistige – Bedeutung ist weitge-
hend verlorengegangen.

WHITE EAGLE öffnet dem Leser, in seiner unnachahmlichen Weisheit und Güte, erneut die Augen
für den „geistigen Jahreslauf", für die tiefe spirituelle
Bedeutung der Jahreszeiten und der religiösen Feste.
Er zeigt die uralten mystischen Traditionen des Natur-
erlebens auf, die mit Beginn des Christentums neue
Gewänder erhielten. Das Erdenjahr gewinnt somit
eine völlig neue Dimension und Innerlichkeit.

Dieses Buch sollte auf jedem Nachttisch liegen, als
Inspiration für den Alltag und als Botschafter und
Künstler der Allgegenwart Gottes in allem Leben.

ISBN 3-9229326-79-2

Mit White Eagle durch das Jahr

Vor vielen Jahren wurde von den Freunden WHITE EAGLES der Wunsch geäußert, die Essenz seiner Lehren in einer kleinen Schrift zu veröffentlichen – so entstand das Büchlein „In der Stille liegt die Kraft". Niemand konnte zu diesem Zeitpunkt ahnen, welchen Siegeszug es antreten würde. Inzwischen in alle großen Weltsprachen übersetzt, zählen die Menschen nach Hunderttausenden, die aus diesem Weisheitsquell schöpfen durften.

Mit dem vorliegenden Buch wird diesem Schatz eine neue Perle hinzugefügt. „Mit WHITE EAGLE durch das Jahr" enthält, wie „In der Stille liegt die Kraft", grundlegende Aussprüche und Lehren von WHITE EAGLE, die als unbezahlbarer Wegbegleiter durch den Alltag für jeden Sucher dienen können.

Auch das vorliegende Buch können Sie zur Hand nehmen, um einen Leitgedanken für den Alltag daraus zu schöpfen, eine Inspiration, um ein Problem zu lösen. Sie können es aufschlagen, wie ein Orakel, um – geleitet von Ihrem höheren Selbst – die Antwort auf eine Sie bewegende Frage zu finden.

ISBN 3-922936-71-7

White Eagle

Die vier großen Einweihungen

Der Pfad des Menschen, wenn er sich auf der „Suche nach Wahrheit" befindet, führt durch bestimmte Prüfungen und innere Erfahrungen – die sogenannten Einweihungen.

Diese können große, dramatische Veränderungen bewirken, sie können aber auch mittels kleiner und kaum merklicher Schritte vonstatten gehen.

White Eagle beschreibt in diesem neuen Juwel aus der Schatzkammer der White Eagle-Gemeinschaft die großen und kleinen Lebensprüfungen aus der Sicht einer Meisterseele. Mit seiner unnachahmlichen Güte und Weisheit erklärt er die verborgenen Zusammenhänge des Daseins und weist Wege zu einer inneren Wirklichkeit.

ISBN 3-922936-56-3

White Eagle

Vom Leben jenseits der Todespforte

In diesem Büchlein schildert White Eagle, was den Menschen, wenn er seine physische Hülle abgestreift hat, in der jenseitigen Welt des Lichts erwartet. Für die Trauernden und all jene, die den Tod und die Trennung fürchten, bringt der Autor Trost und die Gewißheit, daß das Leben weitergeht.

Dem Leser wird ferner gezeigt, wie er mit jenen, die hinüber gegangen sind, eine seelische Verbindung herstellen kann. Durch seine richtige Einstellung zum Tod – dem Leben nach dem Leben, baut sich der Zurückgebliebene eine unsichtbare Brücke, welche die irdische Welt mit der himmlischen verbindet.

ISBN 3-922936-27-X

White Eagle

Goldene Ernte der Liebe

Auf dem geistigen Pfad warten immer wieder Prüfungen, die dem Suchenden alles abverlangen. Manchmal scheint er völlig allein zu stehen, in der „Nacht der Seele". In dieser Zeit der Erprobung gilt es standhaft zu bleiben, bis die Sonne eines neuen Morgens aufleuchtet und eine „goldene Ernte" wartet.

White Eagle beschreibt in diesem Buch die einzelnen Stationen, die den Tagen der Ernte vorausgehen. Er führt seine Schüler auf dem „Pfad des Lichtes", wo die Brüder und Schwestern aus lichten Welten mit ihrer inspirierenden Kraft schon auf die Rückkehr ihrer Geschwister warten. Der Leser lernt, in die innere Stille einzutreten und die geistige Führung im Herzen wahrzunehmen. Jene Stille, in der die göttliche Liebe auf dem Altar der Seele geboren wird.

Mit dem Moment dieser Neugeburt erwirbt der Jünger göttliche Gaben, um sich und andere zu verwandeln, bis am Ende der große Triumph der Liebe steht und die Rose auf dem Kreuz erblüht.

ISBN 3-922936-38-5

White Eagle
Wunder des Lichts

Auf schlichte Weise belehrt uns White Eagle über den Sinn und Zweck des Lebens auf Erden. Er schildert, wie der Mensch von den höchsten Sphären des Lebens in die Beschränkung der Inkarnation auf die Erde absteigt um Erfahrungen zu sammeln und, durch diese Erfahrungen bereichert, zuguterletzt ein leuchtendes Wesen zu werden. Das Streben nach Licht, die Wunder, welche die großen Eingeweihten vollbringen können, das Geheimnis von Gesundheit und strahlender Kraft, der Pfad des Dienens und der Bruderschaft, die Kontinuität des Lebens im Jenseits sind Themen dieses Büchleins.

Hinter allem Geschehen auf Erden, im Leben der Nationen und des Einzelnen, steht ein großer, göttlicher Plan, der den Menschen auf seinem Entwicklungspfad zur Vollkommenheit führt.

ISBN 3-922936-13-X